ステップ30

留<ruby>りゅう</ruby>学<ruby>がく</ruby>生<ruby>せい</ruby>のための

Word 2019

ワークブック

カットシステム

もくじ

◆**サンプルファイルと演習で使うファイルのダウンロード**
本書で紹介したサンプルファイル、ならびに演習で使用する文書ファイル、画像ファイルは、
以下のURLからダウンロードできます。

http://cutt.jp/books/978-4-87783-789-1/

Wordの起動と文字入力

Wordは、さまざまな文書を作成できるアプリケーションです。最初の演習となるステップ01では、Wordの起動方法と文字入力、漢字変換について学習します。

1.1　Wordの役割

　Wordは、論文やレポート、仕事で使う書類、掲示物、ハガキなど、あらゆる文書の作成に利用できるアプリケーションです。作成した文書は、プリンターで印刷したり、電子メールに添付して送信したりできます。仕事や研究に欠かせないアプリケーションなので、ぜひ使い方を覚えておいてください。

1.2　Wordの起動

　それでは、Wordの使い方を解説していきましょう。まずは、Wordを起動するときの操作手順を解説します。

ワンポイント

タイルの活用
「Word」のタイルがスタート画面に表示されている場合は、このタイルをクリックしてWordを起動しても構いません。

Word

クリック

[スタート]ボタンをクリックします。

「W」までスクロール

これを選択

アプリケーションの一覧から「Word」を選択すると、Wordを起動できます。

1.3　Wordの起動画面

Wordを起動すると、以下の図のような画面が表示されます。ここで「白紙の文書」をクリックすると、何も入力されていない白紙の文書が画面に表示されます。

起動直後の画面

1.4　日本語の入力と漢字変換

Wordに日本語を入力するときは、ローマ字入力を使うのが一般的です。漢字を含む文章は、「読みをローマ字で入力」→「漢字変換」→「確定」という手順で入力します。漢字変換は［スペース］キーで実行します。続いて［Enter］キーを押すと、漢字変換を確定できます。同様の手順でカタカナや記号に変換することも可能です。

ワンポイント

「ん」の入力
「ん」の文字を入力するときは、[N]キーを2回続けて押します。すると、「きねん」と「きんえん」のように、ローマ字の読みが同じ単語を区別して入力できます。

［スペース］キーを押す

漢字の読みを入力し、［スペース］キーを押します。

漢字に変換されます。他の変換候補を表示するときは、さらに［スペース］キーを押します。

さらに［スペース］キーを押す

変換候補の一覧が表示されるので、［スペース］キーまたは［↑］［↓］キーで漢字を選択し、［Enter］キーで確定します。

候補の中から漢字を選択

1.5　変換対象の変更

　漢字変換は**文節単位**で操作します。変換対象とする分節を移動するときは、［←］キーまたは
［→］キーを押します。もちろん、この操作は［Enter］キーで漢字変換を確定する前に行わなけ
ればいけません。

［→］キーを押すと…、　　　　　　　　　　変換対象が移動する

1.6　カーソルの移動

　文字を入力する位置を示す**カーソル**は、マウスのクリックで移動させます。そのほか、［←］［→］
［↑］［↓］のキーを押してカーソルを移動させることも可能です。

1.7　半角文字の入力

アルファベットや数字、記号などを半角で入力するときは［半角/全角］キーを押して半角 入力モードに切り替えます。もういちど［半角/全角］キーを押すと、全角 入力モードに戻ります。

全角 入力モードのときは「あ」と表示されます。

半角 入力モードのときは「A」と表示されます。

1.8　文字の削除

入力した文字を削除するときは、［BackSpace］キーまたは［Delete］キーを利用します。［BackSpace］キーを押した場合は、カーソルの前にある文字が1文字削除されます。［Delete］キーを押した場合は、カーソルの後にある文字が1文字削除されます。

◆◆◆◆◆◆◆◆◆◆◆◆◆◆ 演 習 ◆◆◆◆◆◆◆◆◆◆◆◆◆◆

（1）Wordを起動し、以下の文章を入力してみましょう。

> 富士山↵
> 富士山には4つの登山ルートがあり、それぞれのルートで「五合目の標高」は異なります。
> その標高差は最大で900メートル以上になるため、ルートによって登山の難易度は大きく
> 変化します。↵
>
> ◆漢字の読み
> 富士山、登山、五合目、標高、異なります、標高差、
> 最大、以上、難易度、大きく、変化

（2）「メートル」をの文字を半角の「m」に修正してみましょう。

Step 02 ファイルの保存と読み込み

Wordで作成した文書はファイルに保存して管理します。ステップ02では、文書をファイルに保存する方法と、保存したファイルを読み込む方法を解説します。

2.1 文書をファイルに保存する

Wordで作成した文書をファイルに保存するときは、［ファイル］タブを選択し、以下のように操作します。

［ファイル］タブを選択します。

「名前を付けて保存」を選択します。続いて、「参照」をクリックします。

ワンポイント

ファイル名の自動入力
最初は、「文書の先頭に
入力した文字」がファ
イル名として自動入力
されています。これを好
きなファイル名に変更し
てから文書をファイルに
保存します。

①保存先フォルダーを指定

②ファイル名を入力

③クリック

保存先を指定し、ファ
イル名を入力します。
続いて、[保存]ボタン
をクリックすると、文
書をファイルに保存で
きます。

2.2　保存した文書をWordで開く

　文書をファイルに保存できたら、いちどWordを終了し、ファイルを正しく開けるか確認して
みましょう。保存したファイルのアイコンを**ダブルクリック**すると、その文書をWordで開くこ
とができます。

保存先フォルダーを開くと、文書ファイルを
確認できます。このアイコンをダブルクリッ
クします。

ダブルクリック

文書が表示される

Wordが起動し、文書が
画面に表示されます。

2.3 ファイルの上書き保存

ワンポイント

[Ctrl] + [S] キー
上書き保存の操作をキーボードで行うことも可能です。この場合は、[Ctrl] キーを押しながら [S] キーを押します。便利な操作方法なので、ぜひ覚えておいてください。

文書に何らかの変更を加えたときは、ファイルの上書き保存を実行して、ファイルを更新しておく必要があります。この操作は、[ファイル] タブを選択し、「上書き保存」をクリックすると実行できます。

2.4 名前を付けて保存

現在のファイルを維持したまま、編集中の文書を「新しいファイル」として保存することも可能です。この場合は [ファイル] タブにある「**名前を付けて保存**」を選択し、P10～11と同様の操作を行います。

[ファイル] タブにある「名前を付けて保存」を選択し、「参照」をクリックします。

保存先フォルダーとファイル名を指定し、[保存] ボタンをクリックします。すると、編集中の文書を「新しいファイル」として保存できます。

上書き保存
元のファイルが更新されます。

名前を付けて保存
別の名前で「新しいファイル」に保存されます。この場合、元のファイルが変更されることはありません。

現在のファイル

2.5 OneDrive について

Wordには、ファイルをOneDriveに保存する機能も用意されています。OneDriveとは、マイクロソフトが提供する無料のクラウド サービスで、インターネット上にファイルを保存することができます。自宅のパソコンだけでなく、学校にあるパソコンでも文書の閲覧や編集を行いたいときは、このOneDriveにファイルを保存しておくとよいでしょう。

※OneDriveを利用するには、Microsoftアカウントでサインインしておく必要があります。

「OneDrive - 個人用」を選択し、保存先のフォルダーを選択します。

ファイル名を入力して［保存］ボタンをクリックすると、OneDriveにファイルを保存できます。

演習

(1) ステップ01の演習（1）のように文書を作成し、文書をファイルに保存してみましょう。

(2) いちどWordを終了したあと、演習（1）で保存したファイルをダブルクリックして文書を開いてみましょう。

(3) 続いて、文書の1行目を「富士山に登るには？」に変更し、上書き保存してみましょう。

Wordの画面構成

ステップ03では、Wordの画面構成について解説します。タブの切り替え、文書の拡大／縮小などをスムーズに行えるように、各部の名称と基本的な操作方法を学習してください。

3.1 Wordの画面構成

Wordは、以下のような画面構成になっています。まずは、各部の名称と大まかな役割を把握してください。

タブ

リボン

編集領域

表示方法の変更

表示倍率の変更

3.2　タブの選択とリボンの表示

　リボンに表示されるコマンドは、選択しているタブに応じて変化します。このため、実際に文書を編集するときは、「タブで大まかな操作を選択」→「リボンでコマンドを選択」という手順で操作を進めていきます。

［挿入］タブを選択したときのリボンの表示

［レイアウト］タブを選択したときのリボンの表示

［表示］タブを選択したときのリボンの表示

　リボンに表示されるコマンドは、ウィンドウの幅に応じて配置が変化します。ウィンドウの幅が狭いときは、アイコンだけの表示になったり、折りたたんで表示されたりすることに注意してください。

アイコンだけの表示

折りたたんで表示される

①クリックすると…、

②コマンドが表示される

3.3 表示倍率の変更

編集領域に表示されている文書は、その表示倍率を自由に変更できます。表示倍率を変更するときは、ウィンドウ右下にあるズームを操作します。

ワンポイント

表示倍率を数値で指定
「○○％」と表示されている部分をマウスでクリックすると、「ズーム」ウィンドウが表示され、文書の表示倍率を数値（％）で指定できます。

左右にドラッグして表示倍率を変更

10%縮小　10%拡大

ワンポイント

ホイールで拡大/縮小
マウスを使って文書の表示倍率を拡大/縮小することも可能です。この場合は、キーボードの[Ctrl]キーを押しながらマウスホイールを上下に回転させます。

小さい文字を編集するときは、表示倍率を拡大して作業を進めます。

表示倍率を拡大

表示倍率を縮小

文書全体を確認したいときは、表示倍率を縮小します。

［表示］タブのリボンにも、表示倍率を変更するためのコマンドが用意されています。このタブにある「複数ページ」をクリックすると、1画面に複数のページを表示できるようになります。

3.4　表示モードの変更

ウィンドウの右下には「表示モード」を変更するアイコンが配置されています。文書を編集するときは、印刷レイアウトの表示モードを選択するのが基本です。それぞれの表示モードは、以下のような用途に利用します。

◆ 閲覧モード
　文書の閲覧だけを行うときに利用します（文書の内容は変更できません）。

◆ 印刷レイアウト
　最も標準的な表示方法です。通常は、この表示モードで文書の編集を進めていきます。

◆ Web レイアウト
　Wordを使ってWebページを作成する場合などに利用します。

（1）Wordを起動し、［挿入］〜［ヘルプ］タブを順番に選択してみましょう。
（2）ステップ02の演習（3）で保存したファイルを開き、表示倍率を150%に変更してみましょう。
（3）マウスホイールを使って、文書の表示倍率を拡大／縮小してみましょう。

Step 04 文字の書式設定（1）

ここからは、実際にWordで文書を作成するときの操作方法について解説していきます。まずは、フォントや文字サイズ、文字色などを変更する方法を解説します。

4.1 文字の選択

　文字の書式を指定するときは、最初に文字の選択を行います。この操作は、文字をなぞるようにマウスをドラッグすると実行できます。そのほか、[Shift] キーを押しながら [矢印] キーを押して文字を選択することも可能です。

ドラッグして文字を選択

選択している文字は、背景がグレーで表示されます。

富士山に登るには？↵
富士山には 4 つの登山ルートがあり、それぞれのルートで「五合目の標高」は異なります。その標高差は最大で 900 メートル以上になるため、ルートによって登山の難易度は大きく変化します。↵

続いて [Shift] + [→] キーを 3 回押すと、選択範囲を 3 文字分だけ拡張できます。

富士山に登るには？↵
富士山には 4 つの登山ルートがあり、それぞれのルートで「五合目の標高」は異なります。その標高差は最大で 900 メートル以上になるため、ルートによって登山の難易度は大きく変化します。↵

　文字の選択を解除するときは、適当な位置でマウスをクリックします。すると、文字の選択が解除され、クリックした位置にカーソルが移動します。

4.2 文字の書式の指定

　文字を選択できたら、[ホーム] タブのリボンを操作して文字の書式を指定します。すると、選択していた文字の書式が「指定した書式」に変更されます。

ここで文字の書式を指定

4.3 フォントの指定

　それでは、文字の書式を指定する手順を具体的に解説していきましょう。まずは、文字の書体を変更する**フォント**の指定方法を解説します。

　フォントを変更するときは、`游明朝 (本文(` ✓ （**フォント**）の ✓ をクリックします。続いて、一覧からフォント名を選択すると、選択していた文字のフォントを変更できます。

　なお、フォントには、**日本語フォント**と**欧文フォント**の2種類があることに注意してください。欧文フォントは半角文字専用のフォントとなるため、全角文字に欧文フォントを指定することはできません。

フォントの一覧（すべてのフォント）は、「日本語フォント」→「欧文フォント」の順番で、それぞれがABC順に並んでいます。この並び順でフォントの種類を見分けられます。

4.4 文字サイズの指定

　文字サイズを変更するときは、10.5∨（フォント サイズ）の∨をクリックします。続いて、一覧から数値を選択すると、選択していた文字の文字サイズを変更できます。なお、ここに表示される数値の単位はポイントとなります。

用語解説

ポイント
ポイントは長さの単位で、1ポイント＝1／72インチ（約0.353mm）となります。このため、12ポイントの文字は約4.2mm四方の文字サイズになります。

①クリック

数値の直接 入 力も可能（0.5単位）

②文字サイズを選択

4.5 文字色の指定

　文字色を指定するときは、▲（フォントの色）の▼をクリックします。続いて、一覧から色を選択すると、選択していた文字の文字色を変更できます。また、ここで「その他の色」を選択すると、「色の設定」ウィンドウが表示され、色を自由に指定できるようになります。

①クリック

②文字色を選択

「色の設定」ウィンドウ

4.6 新たに入力する文字の書式

Wordは、カーソルの直前にある文字の書式が自動的に引き継がれる仕組みになっています。たとえば、直前の文字が「游ゴシック Medium、16ポイント、青色」であった場合、それ以降に入力する文字の書式も「游ゴシック Medium、16ポイント、青色」になります。

各自で用意するものは**筆記用具と雨具**です↵

「游ゴシック Medium、
16ポイント、青色」の文字

新しく入力した文字も
「游ゴシック Medium、16ポイント、青色」になる

そのほか、先に書式を指定してから文字を入力することも可能です。

①先に書式を指定

書式を指定してから文字を入力↵

②指定した書式で
文字が入力される

- - - - - - - - - - - - - - 演習 - - - - - - - - - - - - - -

（1）ステップ02の演習（3）で保存したファイルを開き、「富士山に登るには？」の**文字サイズ**を16ポイントに変更してみましょう。
（2）さらに、**フォント**を「HGP創英角ゴシックUB」に変更してみましょう。
（3）「標高差は最大で900メートル以上」の**文字色**を「赤」に変更してみましょう。
　　《作業後、ファイルを上書き保存し、ファイルを更新しておきます》

16ポイント、HGP創英角ゴシックUB

富士山に登るには？↵

富士山には4つの登山ルートがあり、それぞれのルートで「五合目の標高」は異なります。その標高差は最大で900メートル以上になるため、ルートによって登山の難易度は大きく変化します。↵

赤色

文字の書式設定（2）

Wordには、太字や斜体、下線、蛍光ペン、文字の効果といった書式も用意されています。続いては、これらの書式を指定するときの操作方法を解説します。

5.1 太字、斜体、下線などの指定

[ホーム]タブには、太字や斜体、下線などの書式を指定するアイコンも用意されています。また、H_2Oやx^2のように、添字（上下に付く小さい文字）の書式も指定できます。これらの書式は、各アイコンをクリックするごとに有効／無効が切り替わります。

ワンポイント

下線の種類
二重線や点線などの下線を指定することも可能です。この場合は、U（下線）の▼をクリックして線の種類を選択します。

太字　下線　下付き
斜体　取り消し線　上付き

さまざまな文字飾り —— 標準の文字
さまざまな文字飾り —— 太字
さまざまな文字飾り —— 斜体
<u>さまざまな文字飾り</u> —— 下線
~~さまざまな文字飾り~~ —— 取り消し線
二酸化炭素は CO_2 —— 下付き
放物線 $y=x^2$ —— 上付き

5.2　蛍光ペンと文字の効果

　蛍光ペンでなぞったように色を付けるときは、（蛍光ペンの色）の▾をクリックし、一覧から色を選択します。また、Ａ（文字の効果と体裁）をクリックして、文字にさまざまな効果を施すことも可能です。

①クリック
②色を選択

①クリック
②効果を選択

ワンポイント

文字の網かけ
Ａ（文字の網かけ）は、文字の背景をグレーにする書式です。「蛍光ペンの色」とほぼ同様の効果が得られます。

提出期限は 9 月 30 日です。←　━ 蛍光ペンの色

秋のピアノコンクール←　━ 文字の効果と体裁

5.3　その他の文字書式

　そのほか、ルビ（ふりがな）、囲み線、囲い文字といった書式も用意されています。これらの書式を指定すると、以下のように文字を装飾できます。

「魚」に「弱」で鰯と読みます。←　━ ルビ

入場者数は 15 万 5,426 人でした。←　━ 囲み線

この文書は㊙です。←　━ 囲い文字

文字の書式のクリア
指定した書式をすべて解除するときは、（すべての書式をクリア）をクリックします。すると、選択していた文字を標準の状態に戻すことができます。

◆ルビ（ふりがな）

ルビ（ふりがな）を付ける文字を選択して（ルビ）をクリックすると、以下のようなウィンドウが表示されます。ここで漢字の上に表示する「ふりがな」を指定します。

◆囲み線

文字を選択して（囲み線）をクリックすると、文字の周囲を線で囲むことができます。

◆囲い文字

㊙のように、○や□で囲った文字を作成できます。文字を1文字だけ選択して（囲い文字）をクリックすると、以下のようなウィンドウが表示されます。ここで文字を囲む図形を指定します。

5.4 「フォント」ウィンドウの活用

文字の書式を「フォント」ウィンドウで指定することも可能です。「フォント」ウィンドウを表示するときは、「フォント」グループの右下にある をクリックします。

「フォント」ウィンドウには、2つのタブが用意されています。[フォント]タブでは、フォント／文字サイズ／文字色／文字飾りなどを指定できます。[詳細設定]タブは、「文字と文字の間隔」を変更したり、「文字の縦横比」を変更したりする場合などに利用します。

[フォント]タブ

[詳細設定]タブ

[ホーム]タブに用意されていない文字飾りも指定できる

縦横比、文字間隔、上下位置の指定

演習

（1）以下の文章を入力し、「ドイツ語」の文字に**太字**と下線を指定してみましょう。また、「part-time job」と「side job」の文字に*斜体*を指定してみましょう。

アルバイトの語源は**ドイツ語**です。↵
英語では、アルバイトのことを*part-time job*または*side job*といいます。↵

◆漢字の読み
語源、ドイツ語、英語

（2）演習（1）で指定した**太字**、*斜体*、下線を解除してみましょう。
（3）「庭で人参を育てる」と入力し、「人参」の文字にルビを付けてみましょう。

庭で人参を育てる↵

段落の書式設定（1）

続いては、段落単位で指定する書式について解説します。このステップでは、段落の考え方、段落の選択方法、段落の「配置」を変更する方法について解説します。

6.1 段落とは？

Wordは「文章の先頭」から「改行」までを1つの**段落**として認識します。このため、[Enter]キーの入力が「段落の区切り」となります。これは、一般的な段落の考え方と同じです。ただし、「1行だけの文章」や「見出し」も1つの段落として認識されることに注意してください。

Wordの画面上には、改行した位置に ⏎ （**段落記号**）が表示されています。これを目印に段落を見分けるようにしてください。

6.2 段落の選択と段落書式の指定

Wordには、段落を1つの単位として指定する**段落書式**も用意されています。段落書式を指定するときは、あらかじめ「対象とする段落」を選択しておく必要があります。

段落を選択するときは、**段落内にある文字を選択する**、または**段落内にカーソルを移動する**、といった操作を行います。この状態で段落書式を指定すると、その段落の書式を変更できます。

段落内にある文字を選択し、書式指定の対象とする段落を選択します。

［ホーム］タブにあるリボンで段落書式を指定します。

選択していた段落の書式が変更されます。この例では「配置」の段落書式を「中央揃え」に変更しました。

6.3 文字の配置の指定

　ここからは段落書式について具体的に紹介していきます。まずは、文字を揃える位置を指定する「配置」について解説します。[ホーム] タブには、以下のような5つのアイコンが表示されています。「配置」の書式を変更するときは、段落を選択した状態で各アイコンをクリックします。

　これらのうち、一般によく利用されるのは「両端揃え」「中央揃え」「右揃え」の3種類です。以下に、具体的な例を示しておくので参考としてください。

　「左揃え」と「両端揃え」はよく似た配置になりますが、右端の処理方法が異なります。「両端揃え」では文字と文字の間隔が微調整されるため、段落の右端も文字が揃えて配置されます。一方、「左揃え」は文字と文字の間隔が微調整されないため、右端が揃わない場合があります。

「均等割り付け」は、文書の幅に合わせて文字を等間隔で配置する行揃えです。ただし、「均等割り付け」を指定するときは、あらかじめ**段落内の文字をすべて選択**しておく必要があります。

（1）以下の図のように文章を入力し、文書のタイトルに「HGP 明朝 E、16 ポイント」の書式を指定してみましょう。

（2）各段落に以下の「配置」を指定してみましょう。

《作業後、文書をファイルに保存しておきます》

◆漢字の読み

年、月、日、説明会、お知らせ、今年、利用、方法、紹介、実施、日時、場所、以下

2020 年 11 月 10 日← ── 右揃え

説明会のお知らせ← ── 中央揃え

今年の 12 月にオープンするデジタル・ライブラリーの利用方法を紹介する説明会を実施します。説明会の日時、場所は以下のとおりです。← ── 両端揃え（変更なし）

Step 07 段落の書式設定（2）

ステップ07では、行間やインデントを指定する方法を解説します。これらも段落単位で指定する書式となります。また、「段落」ウィンドウを使って書式を指定する方法も紹介します。

7.1 グリッド線の表示

 ワンポイント

コマンドの展開
［表示］タブに「グリッド線」コマンドが表示されていないときは、「表示」→「グリッド線」の順番にクリックしていきます。

行間を指定するときは、画面に**グリッド線**を表示させると状況がわかりやすくなります。グリッド線は、以下のように操作すると表示できます。

① このタブを選択
② クリックしてONにする
③ グリッド線が表示される

7.2 行間の考え方

 ワンポイント

フォントと行間の関係
「MS ゴシック」や「HGP 明朝E」などのフォントを指定した場合は、13.5ポイントまでの文字サイズが「1行の高さ」に収まります。「1行の高さ」に収まる文字サイズは、フォントによって変化することに注意してください。

グリッド線は「1行の高さ」を示したもので、これが**行間**の基本単位となります。文字サイズを大きくすると、それに合わせて行間も2行分、3行分、……と大きくなっていきます。

たとえば、**文字サイズ**に11ポイントを指定すると、文字が「1行の高さ」に収まらなくなり、自動的に「2行分の行間」が確保されます。このため、行間が急に大きくなったように感じます（フォントが「游明朝」の場合）。

文字サイズと行間 ——— 9ポイント
文字サイズと行間 ——— 10.5ポイント（標準の文字サイズ）
文字サイズと行間 ——— 11ポイント
文字サイズと行間 ——— 14ポイント

7.3 行間の指定

　行間を変更するときは、［ホーム］タブにある ⟨行間⟩ をクリックし、一覧から数値を指定します。この一覧に表示されている数値の単位は「1行の高さ」となります。たとえば「2.0」を選択すると、その段落の行間を「2行分の高さ」に変更できます。

7.4 行間をポイント単位で指定

　先ほど紹介した方法では、行間を細かく指定することができません。また「1行の高さ」より小さい行間を指定することもできません。このような場合は、「段落」ウィンドウを使って、以下の手順で行間を指定します。

⟨行間⟩ をクリックし、「行間のオプション」を選択します。

「段落」ウィンドウが表示されます。[行間] に「固定値」を選択し、[間隔] にポイント単位（pt）の数値を指定します。

① 「固定値」を選択

② 行間をポイント単位で指定

③ クリック

行間が変更される（行間24ポイント）

選択していた段落の行間が変更されます。

7.5 インデントの指定

段落の左側に余白を設けたいときは、（インデントを増やす）を利用します。をクリックするごとに、段落の左側に1文字分の余白が追加されます。この余白を解除するときは、（インデントを減らす）をクリックします。をクリックするごとに、余白が1文字分ずつ削減されます。

インデントの例
（を2回クリックした段落）

2文字分のインデント

7.6 「段落」ウィンドウの活用

　これまでに紹介した段落書式を「段落」ウィンドウで指定することも可能です。「段落」ウィンドウを表示するときは、「段落」グループの右下にある 🔽 をクリックします。

「段落」ウィンドウの表示

「段落」ウィンドウ

演習

（1）ステップ04の演習（3）で保存したファイルを開き、本文の行間を「1.5」に変更してみましょう。
（2）さらに、本文に2文字分のインデントを指定してみましょう。

Step 08

箇条書きと段落番号

文書内にリストを作成するときは、「箇条書き」の書式を利用すると便利です。ステップ08では、「箇条書き」や「段落番号」の書式を指定する方法を解説します。

8.1 箇条書きの指定

単語や文章を並べて記述するときに、三（箇条書き）の書式を利用することも可能です。この書式は段落書式の一種となり、以下の手順で指定します。

「箇条書き」の書式を指定する段落をまとめて選択します。

三（箇条書き）の▼をクリックし、一覧から行頭文字を選択します。

選択していた段落に「箇条書き」の書式が指定されます。

8.2 箇条書きの解除

「箇条書き」の書式を解除するときは、（箇条書き）の▼をクリックして「**なし**」を選択するか、もしくはをクリックしてOFFにします。

ワンポイント

書式の引き継ぎ

「箇条書き」を指定した段落で［Enter］キーを押すと、次の行にも「箇条書き」の書式が引き継がれます。これを解除するときも、右図と同様の操作を行います。

8.3 段落番号の指定

1、2、3、……などの番号を付けて単語や文章を並べるときは、（**段落番号**）を利用します。

「段落番号」の書式を指定する段落をまとめて選択します。

（段落番号）の▼をクリックし、一覧から「番号の種類」を選択します。

選択していた段落に「段落番号」の書式が
指定されます。

「段落番号」として表示される

8.4 段落番号を階層化する

「段落番号」のレベルを変化させて、それぞれの段落を階層化することも可能です。この場合は、以下の手順で各段落のレベルを変更します。

下位レベルに変更する段落を
選択します。

段落を選択

①クリック

②これを選択

③レベルを選択

（段落番号）の▼をクリックし、「リストのレベルの変更」
からレベルを選択します。

選択していた段落が「下位レベルの段落番号」に変更されます。続けて、「段落番号の種類」を指定すると…、

続けて、段落番号の種類を指定

下位レベルになる

下位レベルの「段落番号の種類」を変更できます。

「段落番号の種類」が変更される

演習

（1）以下のように文章を入力し、行頭文字が◆の「箇条書き」を指定してみましょう。

箇条書き

◆漢字の読み
以下、使い方、学習

（2）演習（1）で指定した「箇条書き」を解除してみましょう。

段落の罫線と網かけ

続いては、段落の下に罫線を描画したり、段落を罫線で囲んで背景色を指定したりする方法を解説します。活用できる場面は意外と多いので、よく学んでおいてください。

9.1 段落の罫線の描画

　段落の周囲に罫線を描画するときは、段落全体を選択し、⊞（罫線）を使って書式を指定します。たとえば、段落の下に罫線を描画するときは、以下のように操作します。

段落全体を選択した状態で⊞（罫線）の▼をクリックし、「下罫線」を選択します。

文字の下に罫線が描画されます。

複数の段落をまとめて選択し、罫線を指定することも可能です。たとえば、選択した範囲を罫線で囲むときは、以下のように操作します。

罫線で囲む範囲を選択します。続いて、田（罫線）の▼をクリックし、「外枠」を選択します。

選択していた範囲を囲むように罫線が描画されます。

☝ ワンポイント

罫線の削除
描画した罫線を削除するときは、段落全体を選択した状態で田（罫線）から「枠なし」を選択します。

なお、段落内の一部の文字だけを選択した場合は、その文字だけを囲む罫線が描画されます。この場合、上下左右の罫線を個別に指定することはできません。いずれの方向を指定した場合も、文字を四角く囲むように罫線が描画されます。

9.2 罫線の詳細設定と段落の網かけ

　線の種類や色、太さを指定して罫線を描画したり、段落の背景に網かけ（背景色）を指定したりすることも可能です。この場合は、田（罫線）から「線種とページ罫線と網かけの設定」を選択します。

範囲を選択し、田（罫線）から「線種とページ罫線と網かけの設定」を選択します。

線の種類、色、太さを指定します。
続いて、罫線を描画する位置を指定すると、その位置に罫線を描画できます。

背景色を指定するときは［網かけ］タブを利用します。

指定した書式の罫線が描画され、背景が色で塗りつぶされます。

罫線が描画され、背景色で塗りつぶされる

・・・・・・・・ 演習 ・・・・・・・・

（1）ステップ06の演習（2）で保存したファイルを開き、以下の文字を追加してみましょう。

文字を入力し、「游ゴシック Medium、太字」の書式を指定

◆漢字の読み
日付、月、日、時刻、場所、中央、図書館

（2）「説明会のお知らせ」の段落に下罫線を描画してみましょう。

（3）「日付」～「場所」の範囲を3ポイントの罫線で囲み、背景色を指定してみましょう。
　　※「罫線の色」と「背景色」には、各自の好きな色を指定してください。
《作業後、ファイルの上書き保存を行い、ファイルを更新しておきます》

Step 10 スタイルの活用

何ページもある文書を作成するときは、スタイルを使って文字や段落の書式を指定するようにします。続いては、スタイルの活用方法について解説します。

10.1 スタイルとは？

長い文書を作成するときは、（大見出し）→（小見出し）→（本文）のように文書を階層化するのが一般的です。このような場合に活用できるのが**スタイル**です。

スタイルは**文字や段落の書式を一括指定できる機能**です。そのつど書式を指定しなくても、フォントや文字サイズ、段落の配置、インデントなどの書式をまとめて指定できるのが特長です。

10.2 スタイルの適用

それでは、スタイルの具体的な使い方を解説していきましょう。まずは、「Wordに初めから用意されているスタイル」を段落に適用する方法を紹介します。

☞ **ワンポイント**

文字を選択した場合
段落内の一部の文字だけを選択した場合は、その文字だけにスタイルが適用されます。段落にスタイルを適用するときは、段落内の文字をすべて選択するようにしてください。

スタイルを適用する段落を選択します（段落内の文字をすべて選択します）。

[ホーム]タブの「スタイル」グループにある▽をクリックします。

スタイルの解除

最初は、すべての段落に「標準」のスタイルが適用されています。このため、「標準」のスタイルを適用すると、文字や段落の書式を最初の状態に戻すことができます。

スタイルの一覧が表示されるので、適用するスタイルを選択します。

スタイルを選択

スタイルが適用され、書式が変更される

◢ 日本のスポーツ環境↵

↵

スポーツの重要性↵
　最近、スポーツの役割が見直されるようになりました。健康や体力の向上はもちろん、ス

選択していた段落にスタイルが適用され、文字や段落の書式が変更されます。

「表題」のスタイル

「見出し1」のスタイル

「見出し1」のスタイル

「参照」のスタイル

「見出し2」のスタイル

「見出し2」のスタイル

同様の操作を繰り返して、「見出し」などの段落に最適なスタイルを適用します。

10.3 スタイルの作成

「Wordに初めから用意されているスタイル」は手軽に利用できるのがメリットですが、「見出しを自由にデザインできない」というデメリットもあります。そこで、自分でスタイルを作成する方法を紹介しておきます。自分でスタイルを作成するときは、以下のように操作します。

これまでに解説した方法で段落に書式を指定します。続いて、書式を指定した段落を選択し、「スタイル」の▽をクリックします。

スタイルの一覧が表示されるので、「スタイルの作成」を選択します。

スタイルの名前を入力し、[OK]ボタンをクリックすると、新しいスタイルを作成できます。

10.4 作成したスタイルの適用

　自分で作成したスタイルも、「Wordに初めから用意されているスタイル」と同じ手順で利用できます。作成したスタイルを段落に適用するときは、以下のように操作します。

スタイルを適用する段落を選択します。続いて、「スタイル」の▽をクリックし、先ほど作成したスタイルを選択します。

段落にスタイルが適用され、「スポーツの重要性」の段落と同じ書式が一括指定されます。

演習

（1）anser10-00.docxのファイルをダウンロードし、P43のようにスタイルを適用してみましょう。
　　※ http://cutt.jp/books/978-4-87783-789-1/ からダウンロードできます。
（2）「スポーツの重要性」と「スポーツを実施する頻度」の段落に適用したスタイルを解除してみましょう。
（3）「スポーツの重要性」の段落に、文字サイズ（16ポイント）、太字、下罫線（オレンジ色、2.25pt）、行間（固定値、24ポイント）の書式を指定し、「大見出し」という名前で新しいスタイルを作成してみましょう。
（4）演習（3）で作成した「大見出し」のスタイルを「スポーツを実施する頻度」の段落に適用してみましょう。
　　《作業後、ファイルの上書き保存を行い、ファイルを更新しておきます》

Step 11 アウトライン レベルとスタイルの変更

続いては、文書の階層構造を指定するアウトライン レベルについて解説します。また、自分で作成したスタイルの書式を変更するときの操作方法も紹介しておきます。

■ 11.1 アウトライン レベルの指定

アウトライン レベルは「段落の役割」を指定する書式で、目次を自動作成する場合などに活用できます。ただし、その初期値は「本文」になっているため、最初はすべての段落が「本文」として扱われます。

「見出し」として扱いたい段落は、アウトライン レベルを「レベル1」や「レベル2」などに変更しておく必要があります。各段落のアウトライン レベルを変更するときは、以下のように操作します。

アウトライン レベルを変更する段落を選択し、[ホーム] タブの「段落」グループにある 🔲 をクリックします。

ワンポイント

スタイルのアウトラインレベル
Wordに初めから用意されている「見出し1」のスタイルを適用すると、その段落に「レベル1」のアウトライン レベルが自動指定されます。同様に、「見出し2」のスタイルを適用した段落には、「レベル2」のアウトライン レベルが自動指定されます。

「段落」ウィンドウが表示されるので、適切なアウトラインレベルを指定し、[OK] ボタンをクリックします。

11.2 アウトライン レベルの確認

　アウトライン レベルを指定しても画面上の表示は何も変化しません。そこで、指定されているアウトライン レベルを簡単に確認する方法を紹介しておきます。

[表示] タブを選択し、「ナビゲーション ウィンドウ」をONにします。

「レベル1」や「レベル2」などのアウトライン レベルが指定されている段落が一覧表示されます。この一覧はリンクとしても活用できます。

11.3 スタイルの書式変更

　「見出し」の**スタイル**を自分で作成した場合は、そのスタイルにアウトライン レベルの書式を含めておくのが基本です。すると、そのつど書式指定を行わなくても、適切なアウトライン レベルを自動指定できるようになります。なお、すでにスタイルを作成してある場合は、以下のように操作してスタイルの書式を変更します。

[ホーム]タブを選択し、「スタイル」のをクリックします。

スタイルの一覧が表示されるので、書式を変更するスタイルを右クリックし、「変更」を選択します。

②これを選択

①フォントを変更

②太字を解除

「文字の書式」を変更する画面が表示されます。今回は例として、フォントを「HGP明朝E」に変更し、「太字」の書式を解除しました。

②これを選択

「段落の書式」を変更するときは、[書式]ボタンをクリックし、「段落」を選択します。

①クリック

「段落」ウィンドウが表示されます。ここで書式を変更すると、その変更がスタイルに反映されます。今回は、アウトラインレベルを「レベル1」に変更しました。

①「レベル1」に変更

②クリック

文字や段落の書式が変更されていることを確認し、[OK]ボタンをクリックします。

①書式を確認

②クリック

HGP明朝E、太字なし、レベル1に変更される

そのスタイルが適用されている段落の書式が一括変更されます。今回の例の場合、「大見出し」のスタイルが適用されている段落の書式が一括変更されます。

「レベル1」として表示される

演 習

（1）ステップ10の演習（4）で保存したファイルを開き、「大見出し」のスタイルに「レベル1」のアウトラインレベルを追加してみましょう。

（2）ナビゲーションウィンドウを表示し、「スポーツの重要性」と「スポーツを実施する頻度」の段落に「レベル1」のアウトラインレベルが指定されていることを確認してみましょう。

（3）「見出し2」のスタイルに太字の書式を追加してみましょう。
　　《作業後、ファイルの上書き保存を行い、ファイルを更新しておきます》

Step 12 ヘッダーとフッター

文書の上下にある余白に「ヘッダー」や「フッター」を指定することも可能です。ヘッダー・フッターは、文書名／日付／作成者／ページ番号などの情報を記す領域として活用するのが一般的です。

12.1 ヘッダー・フッターとは？

　用紙の上下にある余白部分のことを**ヘッダー・フッター**といいます。ヘッダー・フッターには、文書のタイトル、作成日、会社名、ページ番号などを記述するのが一般的です。これらの情報は、印刷した文書を整理するときに活用できます。

Wordには、デザインされているヘッダー・フッターがいくつか用意されています。これらを利用するときは、［挿入］タブにあるコマンドから好きなデザインを選択します。ヘッダー・フッターを指定すると、文書の全ページに同じ内容のヘッダー・フッターが表示（印刷）されます。

ワンポイント

ヘッダー・フッターの削除
指定したヘッダー・フッターを削除するときは、一覧から「ヘッダーの削除」または「フッターの削除」を選択します。

［挿入］タブを選択し、「ヘッダー」または「フッター」をクリックします。続いて、一覧からデザインを選択すると、ヘッダー・フッターを指定できます。

ワンポイント

入力欄の削除
［文書のタイトル］や［日付］などが不要な場合は、その入力欄をクリックして選択し、［Delete］キーを2回押します。

ヘッダー・フッターに［文書のタイトル］などの項目が用意されている場合は、その部分をクリックして適切な文字を入力します。

［日付］の項目が用意されている場合は、カレンダーから日付を選択します。

ヘッダー・フッターの編集を終了し、通常の編集画面に戻すときは、「ヘッダーとフッターを閉じる」を
クリックします。

12.3　ヘッダー・フッターを自分で入力

　Wordに用意されているヘッダー・フッターを利用するのではなく、自分でヘッダー・フッター
に文字を入力することも可能です。この場合は、文書の上部または下部にある余白をダブルクリッ
クし、キーボードから文字を入力します。

文書の上部または下部をダブルクリックすると、ヘッダー・フッターの編集画面に切り替わり、ヘッダー・
フッターの文字を自由に編集できるようになります。

ヘッダー・フッターに入力した文字の書式を変更することも可能です。フォントや文字サイズ、配置など
の書式は［ホーム］タブで指定します。

12.4 ページ番号の入力

　ヘッダー・フッターに**ページ番号**を入力するときは、［**挿入**］タブにある「**ページ番号**」を利用します。普通にキーボードから数字を入力すると、全ページに同じ数字が表示されてしまうことに注意してください。

①このタブを選択

②クリック

「ページ番号」をクリックし、位置とデザインを選択します。

③位置を選択

④デザインを選択

指定した位置にページ番号が挿入されます。

ページ番号が挿入される

演習

(1) ステップ11の演習（3）で保存したファイルを開き、「**日本で人気のあるスポーツ**」の段落に「**大見出し**」のスタイルを適用してみましょう。その後、「**日本で人気のあるスポーツ**」が**2ページ目の先頭**から始まるように**改行**を挿入してみましょう。

(2) 文書に「**空白（3か所）**」のヘッダーを挿入し、左端に「**日本のスポーツ環境**」、右端に**自分の氏名**を入力してみましょう。また、中央にある［ここに入力］の文字を削除してみましょう。

(3) ページの下部（フッター）に「**細い線**」のページ番号を挿入してみましょう。
《作業後、ファイルの上書き保存を行い、ファイルを更新しておきます》

表紙と目次の作成

何ページもある文書では、最初のページを表紙にしたり、目次を作成したりする場合があります。続いては、「表紙」や「目次」を作成するときの操作方法を解説します。

13.1 表紙の作成

Wordには、簡単に表紙を作成できる機能が用意されています。この機能を使って表紙を作成するときは、以下のように操作します。

①このタブを選択

[挿入]タブを選択します。続いて、「表紙」をクリックし、一覧から表紙のデザインを選択します。

②クリック

③デザインを選択

文書の先頭に表紙が挿入される

タイトルを入力

日本のスポーツ環境

必要に応じて入力（または削除）

ワンポイント

入力欄の削除
[サブタイトル]や[会社名]などが不要な場合は、その入力欄をクリックして[Delete]キーを2回押すと、入力欄を削除できます。

文書の先頭に表紙が挿入されるので、[文書のタイトル]をクリックしてタイトル文字を入力します。[会社名]などの項目は、必要に応じて入力します。

13.2 目次の作成

　Wordには目次を作成する機能も用意されています。この機能を利用すると、アウトライン レベルが指定されている段落をもとに、目次を自動作成することができます。

目次を挿入する位置にカーソルを移動します。通常は、表紙の直後（本文の先頭）にカーソルを移動します。

カーソルを移動

①このタブを選択

②クリック

③いずれかを選択

[参考資料]タブを選択します。続いて、「目次」をクリックし、「自動作成の目次」の中から目次の種類を選択します。

目次が作成される

アウトライン レベルを指定した段落が自動的に抽出され、目次が作成されます。

ワンポイント

手動作成目次
「手動作成目次」を選択した場合は、目次のサンプルが表示されます。これを正しい目次にするには、見出しやページ番号を自分で入力する必要があります。

13.3　ページ区切りの挿入

　前ページに示した方法で目次を挿入すると、「目次」の直後から「本文」が開始されます。「目次」と「本文」のページを分けたい場合は、以下のように操作してページ区切りを挿入します。

本文の先頭にカーソルを移動し、[挿入]タブにある「ページ区切り」をクリックします。

②このタブを選択

③クリック

①本文の先頭にカーソルを移動

表紙（0ページ目）

目次（1ページ目）

本文は2ページ目以降

　カーソルがあった位置に「ページ区切り」が挿入され、本文が次ページから始まります。

13.4　目次の更新

　目次を作成した後に「ページ構成を変更する」、「見出しを追加/削除する」などの操作を行ったときは、**目次の更新**を実行しておく必要があります。この作業を忘れると、古い目次がそのまま残ってしまい、間違った目次になってしまいます。目次の更新は、次ページのように操作すると実行できます。

目次の領域内にカーソルを移動し、「目次の更新」をクリックします。

②クリック

①目次の領域内にカーソルを移動

①こちらを選択

「目次をすべて更新する」を選択し、[OK]ボタンをクリックします。

②クリック

目次が更新される（ページ番号が正しくなる）

目次の内容が最新の状態に更新されます。

演習

（1）ステップ12の演習（3）で保存したファイルを開き、文書の先頭にある「**日本のスポーツ環境**」の段落を削除してみましょう。続いて、「**スライス（濃色）**」の表紙を挿入してみましょう。

　　　※［文書のタイトル］に「日本のスポーツ環境」と入力します。
　　　※［文書のサブタイトル］は削除します。

（2）以下のように**スタイル**を適用し、「**スポーツ観戦について**」が3ページ目から始まるように**改行**を挿入してみましょう。

　　　「スポーツ観戦について」——————————————— 大見出し
　　　「出典：スポーツ庁……」————————————————— 参照
　　　「現地で観戦したスポーツ」————————————————— 見出し2
　　　「テレビ、インターネットで観戦したスポーツ」——————— 見出し2

（3）表紙の直後（本文の前）に**目次（自動作成の目次2）**を挿入してみましょう。

（4）目次の直後（本文の前）に**ページ区切り**を挿入してみましょう。また、「日本で人気のあるスポーツ」や「スポーツ観戦について」の段落の前にある**改行を削除**し、代わりに**ページ区切り**を挿入してみましょう。

（5）**目次の更新**を実行し、目次のページ番号を正しく修正してみましょう。
　　　《作業後、ファイルの上書き保存を行い、ファイルを更新しておきます》

文書の印刷

Wordで作成した文書を紙の書類にするときは、プリンターを使って印刷する必要があります。続いては、作成した文書を印刷するときの操作手順について解説します。

14.1 印刷プレビューの確認

文書を印刷するときは、はじめに印刷プレビューで印刷イメージを確認しておくのが基本です。印刷プレビューは、以下のように操作すると表示できます。

「印刷」の項目を選択すると、画面右側に印刷プレビューが表示されます。

14.2 印刷の設定

　印刷プレビューの左側には、印刷に関連する設定項目が並んでいます。続いては、各項目で設定する内容について解説します。

印刷枚数

印刷の実行

プリンターの選択

プリンターの設定

印刷するページ

片面印刷／両面印刷

印刷する順番

用紙サイズ、余白

1枚の用紙に印刷するページ数

ワンポイント

印刷プレビューの終了
通常の編集画面に戻るときは、画面の左上にある ⊖ をクリックします。

◆印刷部数
　各ページを印刷する枚数を指定します。たとえば、各ページを5枚ずつ印刷する場合は、ここに「5」と入力します。

◆プリンターの選択
　使用するプリンターを選択します。

◆印刷するページ

印刷するページの範囲を指定します。文書内の特定のページだけを印刷するときは、「**ユーザー指定の範囲**」を選択し、下のボックスにページ番号を入力します。たとえば、3ページ目だけを印刷するときは「3」と入力します。「3,5」のように**カンマ**で区切って数字を入力すると、3ページ目と5ページ目を印刷できます。また、「3-5」のように**ハイフン**を使うと、3～5ページ目を印刷でます。

表紙のページ番号
文書に表紙が挿入されている場合は、表紙が0ページ目、表紙の次のページが1ページ目となります。ページ番号を指定するときは、注意するようにしてください。

カンマで区切ってページ番号を列記

ハイフンでページ範囲を指定

◆片面印刷／両面印刷

用紙の片面だけに印刷するか、もしくは両面に印刷するかを指定します。両面印刷に対応していないプリンターで両面印刷する場合は、「**手動で両面印刷**」を選択します。

◆印刷する順番

2部以上の印刷を指定した場合に、各ページを印刷する順番を指定します。

◆用紙サイズ、余白

用紙の向き、サイズ、余白の大きさを変更できます。ただし、これらの設定は文書の作成時に指定しておくのが基本です（詳しくはステップ15で解説します）。

◆1枚の用紙に印刷するページ数

1枚の用紙に印刷するページの数を指定します。「**2ページ／枚**」を選択すると、1枚の用紙に2ページずつ縮小して印刷されるため、用紙を節約することができます。

◆プリンターのプロパティ

用紙の種類、印刷品質などは、「プリンターのプロパティ」をクリックして指定します。ここに表示される設定画面は使用しているプリンターによって変化するため、詳しくはプリンターのマニュアルを参照してください。

14.3 印刷の実行

印刷に関連する設定を指定できたら、[印刷] ボタンをクリックして印刷を開始します。以上で、印刷に関する作業は完了です。

クリックして印刷を実行

演習

（1）ステップ13の演習（5）で保存したファイルを開き、印刷プレビューを確認してみましょう。

（2）文書をプリンターで印刷してみましょう。

　※あらかじめプリンターのセッティングを済ませておく必要があります。

　（詳しくはプリンターのマニュアルを参照してください）

（3）2～4ページ目だけを印刷してみましょう。

15

ページ設定

A4（縦）以外の用紙サイズで文書を作成するときは、［レイアウト］タブで設定を変更しておく必要があります。そのほか、ここには「余白」や「用紙の向き」などを変更する設定項目が用意されています。

15.1 用紙サイズの変更

文書の**用紙サイズ**は、A4（縦）に初期設定されています。これを他の用紙サイズに変更するときは、［**レイアウト**］タブを選択し、以下のように操作します。

［レイアウト］タブにある「サイズ」をクリックし、一覧から用紙サイズを選択します。

15.2 用紙の向きの変更

　［レイアウト］タブには、用紙の向き（縦／横）を変更する設定項目も用意されています。用紙の向きは「印刷の向き」で指定します。

［レイアウト］タブにある「印刷の向き」をクリックし、用紙の向きを選択します。

「印刷の向き」を「横」にすると、用紙を横に向けた状態で文書を作成できます。

15.3 横書き／縦書きの変更

　文書を縦書きで作成するときは、「文字列の方向」を操作します。ここで「縦書き」を選択すると、文章が縦書きに変更され、用紙の向きが自動的に90度回転されます。

［レイアウト］タブにある「文字列の方向」で横書き／縦書きを指定します。

「縦書き」を指定すると、文章が縦書きになり、「印刷の向き」が自動的に90度回転されます。

15.4 余白の変更

［レイアウト］タブには、用紙の上下左右にある**余白のサイズを変更する**コマンドも用意されています。

[レイアウト] タブにある「余白」をクリックし、一覧から余白のサイズを選択します。

③余白のサイズを選択

②クリック

①このタブを選択

15.5 「ページ設定」ウィンドウ

用紙や余白に関連する設定を詳しく指定したいときは、「**ページ設定**」ウィンドウを利用します。「ページ設定」ウィンドウは、［レイアウト］タブの「**ページ設定**」グループにある 🗔 をクリックすると表示できます。

①このタブを選択

②クリック

［文字数と行数］タブでは、横書き／縦書き、
1ページあたりの行数などを指定できます。

［余白］タブでは、上下左右の余白を数値で指定したり、
用紙の向き（縦／横）を変更したりできます。

［用紙］タブでは、用紙サイズを指定できま
す。自分で数値を入力して、自由なサイズの
用紙を指定することも可能です。

［その他］タブには、ヘッダー・フッターの
位置などを調整できる設定項目が用意されて
います。

演習

（1）ステップ09の演習（3）で保存したファイルを開き、用紙をA5（横）に変更してみましょう。
（2）「ページ設定」ウィンドウで、上下左右の余白を25mmに変更してみましょう。

Step 16 表の作成（1）

続いては、文書に表を作成するときの操作手順を解説します。まずは、表を作成したり、行や列を挿入／削除したりする方法を解説します。また、表内の文字の配置についても解説します。

16.1 表の作成と文字入力

表を作成するときは、[挿入]タブにある「表」コマンドを使って以下のように操作します。

用語解説

セル
表内にある1つひとつのマス目のことをセルといいます。

②このタブを選択

平均気温の推移

最近5年間の8月の平均気温を、札幌、東京、那覇の3都市についてまとめてみました。この結果を見ると、「札幌」の気温は「東京」に比べて約5℃くらい低いことがわかります。一方、「東京」と「那覇」の気温差は1～2℃程度で、あまり大きくはありません。

8月の平均気温（℃）

①カーソルを移動

表を挿入する位置へカーソルを移動し、[挿入]タブを選択します。

ワンポイント

行数／列数が多い表
8行×10列より大きい表を挿入するときは、ここで「表の挿入」を選択し、行数と列数を数値で入力します。

「表」をクリックし、挿入する表の行数と列数を指定します。

①クリック

表（6行×4列）

②行数、列数を指定

表の挿入(I)...
罫線を引く(D)
文字列を表にする(V)...
Excel ワークシート(X)
クイック表作成(T)

文字を入 力

指定した行数×列数の表が挿 入
されます。それぞれのセルをク
リックして、文字を入力していき
ます。

8月の平均気温（℃）

平均気温の推移

　最近5年間の8月の平均気温を、札幌、東京、那覇の3都市についてまとめてみました。
この結果を見ると、「札幌」の気温は「東京」に比べて約5℃くらい低いことがわかります。
一方、「東京」と「那覇」の気温差は1〜2℃程度で、あまり大きくはありません。

8月の平均気温（℃）

	札幌	東京	那覇
2014 年	22.4	27.7	28.7
2015 年	22.4	26.7	28.7
2016 年	23.9	27.1	29.5
2018 年	21.2	28.1	28.5
2019 年	22.5	28.4	29.2

ワンポイント

カーソルの移動
キーボードの［矢印］
キーを押すと、その方向
にあるセル内へカーソル
を移動できます。また、
［Tab］キーを押すと、
カーソルを1つ右のセル
内へ移動できます。

必要なだけセルに文字を入力すると、表の基本形が完成します（図16-1）。

16.2　行、列の挿 入

　表を作成した後に、行の不足に気付く場合もあると思います。このような場合は、表の左側に
マウスを移動し、各行の間に表示される⊕のアイコンをクリックして行を挿入します。同様の
操作を表の上側で行うと、その位置に列を挿入できます。

左 側に表示される⊕を
クリックすると…、

クリック

そこに行が挿入されます。

行が挿入される

また、表ツールの［レイアウト］タブを使って行や列を挿入することも可能です。この場合は、カーソルがあるセルを基準にして行や列が挿入されます。たとえば、「上に行を挿入」をクリックすると、以下の図のように行が挿入されます。

表内にカーソルを移動し、表ツールの［レイアウト］タブにある「上に行を挿入」をクリックします。

カーソルがあったセルの上に、行が挿入されます。

ここに行が挿入される

16.3 行、列の削除

行や列を削除したい場合もあると思います。この場合は、削除する行（または列）にカーソルを移動し、「削除」コマンドから行（または列）の削除を行います。

ワンポイント

表の削除
表全体を削除するときは、「削除」コマンドから「表の削除」を選択します。

③クリック

②このタブを選択

④いずれかを選択

①カーソルを移動

16.4 表内の文字の配置

　表内に入力した文字は、その配置を自由に変更できます。文字の配置を変更するときは、マウスをドラッグしてセルを選択し、表ツールの[レイアウト]タブで配置を指定します。

②このタブを選択

③配置を指定

①ドラッグして
セル範囲を選択

文字の配置は、表ツールの
[レイアウト]タブにある9個
のアイコンで指定します。

数値を「右揃え」で配置すると、
見やすい表を作成できます。

演習

(1) anser16-00.docxのファイルをダウンロードし、P67の図16-1のように表を作成してみましょう。
　　※ http://cutt.jp/books/978-4-87783-789-1/ からダウンロードできます。
(2) 演習(1)で作成した表に行を挿入し、下図のように2017年のデータを追加してみましょう。
(3) 表から「2014年」の行を削除してみましょう。
(4) 表内の数値を「中央揃え(右)」で配置してみましょう。さらに、他の文字の配置を「中央揃え」
　　に変更してみましょう。
《作業後、ファイルの上書き保存を行い、ファイルを更新しておきます》

◆漢字の読み
年、札幌、東京、那覇

演習(2)で追加

Step 17 表の作成（2）

続いては、表のデザインを変更する方法を解説します。Wordには、表のデザインを簡単に指定できるスタイルが用意されています。また、セルの背景色などを自分で指定することも可能です。

17.1 表内の文字の書式

まずは、表内にある**文字の書式**について解説します。フォントや文字サイズなどの書式は、通常の文字と同じ手順で指定できます。表の「見出し」を太字にするなど、見やすい表になるように工夫するとよいでしょう。

セルまたは文字を選択し、［ホーム］タブで書式を指定します。

17.2 表のスタイル

Wordには、表全体のデザインを簡単に変更できる「**表のスタイル**」が用意されています。「表のスタイル」は、以下のように操作して適用します。

表内にカーソルを移動し、表ツールの［デザイン］タブを選択します。続いて、「表のスタイル」の∨をクリックします。

「表のスタイル」が一覧表示されるので、好きなデザインのスタイルを選択します。

「表のスタイル」が適用され、表全体のデザインが変更されます。

表のデザインが変更される

表の「見出し」とする行/列は、［デザイン］タブの左端にある「表スタイルのオプション」で指定します。ここで縞模様の有無などを指定することも可能です。

チェックのON／OFFで指定

- **タイトル行** ………… 上端にある行を「見出し」として表示します。
- **最初の列** ………… 左端にある列を「見出し」として表示します。
- **集計行** ………… 下端にある行を強調して表示します。
- **最後の列** ………… 右端にある列を強調して表示します。
- **縞模様（行）** ………… 1行おきに背景色を変更します。
- **縞模様（列）** ………… 1列おきに背景色を変更します。

17.3 セルの背景色の指定

　表のデザインを自分で指定することも可能です。各セルの背景色は、表ツールの［デザイン］タブにある「塗りつぶし」で指定します。

セルを選択

セルの背景色を指定するときは、その範囲をマウスでドラッグして選択します。

①このタブを選択

②クリック

③色を選択

表ツールの［デザイン］タブを選択し、「塗りつぶし」の▾をクリックして色を指定します。すると、選択していたセルの背景色が変更されます。

17.4　罫線の書式の変更

セルを区切る罫線の書式を自分で指定することも可能です。罫線の書式を変更するときは、以下のように操作します。

ワンポイント

罫線の削除
表の罫線を削除するときは、線の種類に「罫線なし」を選択し、削除する罫線上をなぞるようにドラッグします。

① このタブを選択　② 罫線の書式を指定

③ 自動的にONになる

罫線の種類／太さ／色を指定すると、「罫線の書式設定」が自動的にONになります。

ワンポイント

「罫線」コマンド
罫線の書式を「罫線」コマンドで指定することも可能です。この場合は、選択されているセル範囲を基準に、書式の変更が行われます。

ドラッグして書式を指定

8月の平均気温（℃）

	札幌	東京	那覇
2015 年	22.4	26.7	28.7
2016 年	23.9	27.1	29.5
2017 年	21.7	26.4	30.4
2018 年	21.2	28.1	28.5
2019 年	22.5	28.4	29.2

マウスポインタの形状が ✐ になります。この状態で罫線上をなぞるようにドラッグすると、その罫線の書式を「指定した書式」に変更できます。

クリックしてOFFにする

罫線の書式指定を終えるときは、「罫線の書式設定」をクリックしてOFFにします（マウスポインタが通常の形状に戻ります）。

演習

（1）ステップ16の演習（4）で保存したファイルを開き、「グリッド（表）4 - アクセント4」のスタイルを適用してみましょう。

（2）「2015年」～「2019年」のセルの背景色を「ゴールド、アクセント4、白＋基本色40%」に変更してみましょう。

（3）「札幌」～「那覇」の文字色を「黒」（自動）に変更してみましょう。
《作業後、ファイルの上書き保存を行い、ファイルを更新しておきます》

表の作成（3）

続いては、表のサイズを変更したり、表を移動したりする方法を解説します。また、セルの結合／分割を行い、格子状でない表を作成する方法も解説します。

18.1　表のサイズ変更

　表は文書と同じ幅で作成されます。これを異なるサイズに変更することも可能です。**表全体のサイズを変更する**ときは、以下のように操作します。

表 内にカーソルを移動し、表の右下にある□をドラッグします。

平均気温の推移

　最近5年間の8月の平均気温を、札幌、東京、那覇の3都市についてまとめてみました。この結果を見ると、「札幌」の気温は「東京」に比べて約5℃くらい低いことがわかります。一方、「東京」と「那覇」の気温差は1～2℃程度で、あまり大きくはありません。

8月の平均気温（℃）

	札幌	東京	那覇
2015 年	22.4	26.7	28.7
2016 年	23.9	27.1	29.5
2017 年	21.7	26.4	30.4
2018 年	21.2	28.1	28.5
2019 年	22.5	28.4	29.2

ドラッグ

表 全体のサイズが変更されます。

平均気温の推移

　最近5年間の8月の平均気温を、札幌、東京、那覇の3都市についてまとめてみました。この結果を見ると、「札幌」の気温は「東京」に比べて約5℃くらい低いことがわかります。一方、「東京」と「那覇」の気温差は1～2℃程度で、あまり大きくはありません。

8月の平均気温（℃）

	札幌	東京	那覇
2015 年	22.4	26.7	28.7
2016 年	23.9	27.1	29.5
2017 年	21.7	26.4	30.4
2018 年	21.2	28.1	28.5
2019 年	22.5	28.4	29.2

表 全体のサイズが変更される

18.2 列の幅、行の高さの変更

列の幅や行の高さを変更することも可能です。この場合は、列や行を区切る罫線をマウスでドラッグします。

8月の平均気温（℃）

	札幌	東京	那覇
2015 年	22.4	26.7	28.7
2016 年	23.9	27.1	29.5
2017 年	21.7	26.4	30.4
2018 年	21.2	28.1	28.5
2019 年	22.5	28.4	29.2

高さの変更

幅の変更

18.3 列の幅、行の高さを揃える

表ツールの［レイアウト］タブには、列の幅や行の高さを均一に揃えるコマンドが用意されています。たとえば、「列の幅」を均一に揃えるときは、以下のように操作します。

②このタブを選択

幅を揃えるセルを選択し、表ツールの［レイアウト］タブにある「幅を揃える」をクリックします。

③クリック

①セルを選択

選択していた範囲の「列の幅」が均一に揃えられます。

幅が均一になる

18.4 表の移動

表の位置を移動するときは、表の左上にある ⊞ をドラッグします。すでに文章が入力されている場所に表を移動した場合は、表のまわりに文章が折り返して配置されます。

18.5 セルの結合

完全な格子状でない表を作成するときは、「**セルの結合**」を利用します。2つ以上のセルを結合するときは、以下のように操作します。

結合するセルを選択し、表ツールの［レイアウト］タブにある「**セルの結合**」をクリックします。

セルの分割

「1つのセル」を「複数のセル」に分割するときは、そのセルにカーソルを移動し、表ツールの［レイアウト］タブにある「セルの分割」をクリックします。続いて、列数と行数を指定すると、セルを指定した列数／行数に分割できます。

セルが結合される

8月の平均気温（℃）と降水量（mm）

	札幌		東京		那覇	
	平均気温	降水量	平均気温	降水量	平均気温	降水量
2015 年	22.4	131.5	26.7	103.5	28.7	278.0
2016 年	23.9	279.0	27.1	414.0	29.5	209.0
2017 年	21.7	78.5	26.4	141.5	30.4	56.5
2018 年	21.2	228.5	28.1	86.5	28.5	310.0
2019 年	22.5	144.5	28.4	110.0	29.2	208.0

演習

（1）ステップ17の演習（3）で保存したファイルを開き、表を以下の図のように変更してみましょう。
　　※行や列を挿入して表を変更します。
　　※表のタイトルを「8月の平均気温（℃）と降水量（mm）」に修正します。

8月の平均気温（℃）と降水量（mm）

	札幌		東京		那覇	
	平均気温	降水量	平均気温	降水量	平均気温	降水量
2015 年	22.4	131.5	26.7	103.5	28.7	278.0
2016 年	23.9	279.0	27.1	414.0	29.5	209.0
2017 年	21.7	78.5	26.4	141.5	30.4	56.5
2018 年	21.2	228.5	28.1	86.5	28.5	310.0
2019 年	22.5	144.5	28.4	110.0	29.2	208.0

太字を指定

（2）「平均気温」と「降水量」（2〜7列目）の列の幅を均一に揃えてみましょう。
（3）セルを結合し、「札幌」「東京」「那覇」のセルを2列分の幅にしてみましょう。
（4）以下の図のように背景色と罫線を変更し、表全体のデザインを整えてみましょう。
　　《作業後、ファイルの上書き保存を行い、ファイルを更新しておきます》

実線、1.5pt、黒　　　　実線、0.5pt、黒

背景色「ゴールド、アクセント4」

Step 19

画像の利用（1）

Wordを使って、画像を貼り付けた文書を作成することも可能です。続いては、文書に画像を挿入したり、画像のサイズや配置を変更したりする方法を解説します。

19.1 画像の挿入

文書に写真などを挿入するときは、[挿入]タブにある「画像」コマンドを使って以下のように操作します。

②このタブを選択

③クリック

④これを選択

①カーソルを移動

画像を挿入する位置にカーソルを移動し、「画像」→「このデバイス」を選択します。

①フォルダーを指定

②画像ファイルを選択

③クリック

画像ファイルを選択し、[挿入]ボタンをクリックします。

画像が挿入される

文書に画像が挿入されます。

19.2　画像のサイズ変更

上下左右のハンドル
画像の上下左右にあるハンドルをドラッグすると、画像の縦横の比率が変更されてしまいます。注意してください。

画像のサイズを変更するときは、画像をクリックして選択し、四隅にある〔ﾊﾝﾄﾞﾙ〕(ハンドル)をドラッグします。このとき、画像の上にある〔回転ハンドル〕(回転ハンドル)をドラッグして、画像を回転させることも可能です。

サイズを数値で指定
画像のサイズを数値で指定するときは、図ツールの[書式]タブにある「サイズ」を利用します。

ドラッグ

画像のサイズが変更される

19.3　画像の配置

文書の左右中央に画像を配置するときは、画像を選択した状態で[**ホーム**]タブにある〔中央揃え〕(**中央揃え**)をクリックします。同様に、〔右揃え〕(**右揃え**)をクリックして文書の右端に画像を配置することも可能です。

②このタブを選択

③ここで配置を指定

①クリックして画像を選択

19.4 画像の移動

文書内で画像を移動させることも可能です。画像を移動させるときは、画像そのものをドラッグします。

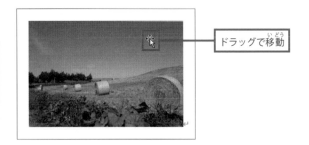

ドラッグで移動

19.5 画像のレイアウト

初期設定では、画像は「行内」のレイアウトで配置されます。これを他のレイアウトに変更するときは、画像をクリックして選択し、右上に表示される ▨（レイアウト オプション）を操作します。

①クリック

②レイアウトを選択

Wordには7種類のレイアウトが用意されています。これらのうち、よく利用するのは以下に示した4種類です。

北海道の風景 (行内で配置した場合)

広大な景色が広がる北海道には、毎年、多くの観光客が訪れます。なだらかに広がる斜面はヨーロッパの丘陵地帯のような雰囲気があり、CM やポスターなどの撮影場所としてもよく利用されています。

▨「行内」のレイアウト
画像が「1つの巨大な文字」として扱われます。このため、文章内に画像を移動すると、その行の行間が大きくなります。

北海道の風景 （四角形で配置した場合）

広大な景色が広がる北海道には、毎年、多くの観光客が訪れます。なだらかに広がる斜面はヨーロッパの丘陵地帯のような雰囲気があり、CM やポスターなどの撮影場所としてもよく利用されています。

「四角形」のレイアウト

「文字」と「画像」が独立して扱われるため、画像を好きな位置へ移動できます。文字は画像の周囲に回り込んで配置されます。

北海道の風景 （背面で配置した場合）

広大な景色が広がる北海道には、毎年、多くの観光客が訪れます。なだらかに広がる斜面はヨーロッパの丘陵地帯のような雰囲気があり、CM やポスターなどの撮影場所としてもよく利用されています。

「背面」のレイアウト

文字の背面に画像が配置されます。「四角形」のレイアウトと同じく、画像を好きな位置へ移動できます。

北海道の風景 （前面で配置した場合）

は、毎年、多くの観光客が訪れます。なだらかに広がる斜面な雰囲気があり、CM やポスターなどの撮影場所としても

「前面」のレイアウト

文字の前面に画像が配置されます。「四角形」のレイアウトと同じく、画像を好きな位置へ移動できます。

演習

（1）anser19-00.docx のファイルをダウンロードし、photo_01.jpg の画像を挿入してみましょう。

　※ http://cutt.jp/books/978-4-87783-789-1/ からダウンロードできます。
　※ 文書に挿入した画像は、適当なサイズに縮小します。

（2）画像のレイアウトを「四角形」に変更し、文章の右側に画像を移動してみましょう。

　《作業後、ファイルの上書き保存を行い、ファイルを更新しておきます》

南の島には、まだまだ美しい自然が残っています。青い空、透き通る海、サンゴ礁と遊ぶ熱帯魚。どれも都会の海では見られない光景です。ゆったりとした時間を過ごせるのも南国ならではの魅力です。

画像を挿入し、サイズと位置を調整

Step 20 画像の利用（2）

Wordには、文書に貼り付けた画像を加工する機能が用意されています。続いては、図ツールの［書式］タブを使って画像を加工する方法を解説します。

20.1 画像の回転

縦方向に撮影した写真を正しい向きに直したいときは、図ツールの［書式］タブにある （オブジェクトの回転）を利用します。

20.2 画像の切り抜き

画像の一部分だけを切り抜くことも可能です。この場合は、図ツールの［書式］タブにある「トリミング」を利用します。

トリミング用のハンドルが表示されます。
これをドラッグして切り抜く範囲を指定
します。

ドラッグ

画像の外をクリックすると範囲が確定され、
画像の切り抜きが実行されます。

画像の外をクリックして確定

20.3　色調の調整

　図ツールの［書式］タブには、シャープネス（鮮明さ）、明るさ、コントラスト（明暗の差）を
調整できる「修整」も用意されています。この機能は、撮影に失敗した写真を修整する場合など
に活用できます。

①クリック

② 修整内容を選択

ぼかし　←→　鮮明

シャープネス

暗い　←→　明るい

弱

強

明るさ／コントラスト

20.4　図のスタイル

　画像に様々な装飾を施したいときは、図ツールの［書式］タブにある「図のスタイル」を利用すると便利です。「図のスタイル」には28種類のスタイルが用意されています。

「図のスタイル」の▽または「クイックスタイル」をクリックします。

スタイルを選択

「図のスタイル」が一覧表示されるので、好きなスタイルを選択します。

画像にスタイルが適用されます。左図は「透視投影、緩い傾斜、白」のスタイルを適用した例です。

画像が装飾される

20.5　図の枠線、図の効果

　そのほか、画像の周囲に枠線を描画できる「図の枠線」、画像に影や反射などの効果を加えられる「図の効果」といったコマンドも用意されています。

枠線の色を指定

枠線の太さを指定

枠線を指定した例

「図の枠線」は、画像の周囲を枠線で囲むときに利用します。

効果の種類を指定

「ぼかし」の効果を指定した例

「図の効果」は、画像に「影」「反射」「光彩」「ぼかし」などの効果を指定できる機能です。

演習

（1）ステップ19の演習（2）で保存したファイルを開き、「修整」を使って画像のコントラストを＋20％にしてみましょう。
（2）画像の周囲を色「オレンジ」、太さ「3pt」の枠線で囲ってみましょう。
（3）画像に「回転、白」のスタイルを適用してみましょう。
《作業後、ファイルの上書き保存を行い、ファイルを更新しておきます》

図形の描画

Wordには、四角形や円、星、立方体、円柱、矢印など、さまざまな図形を描画できる機能が用意されています。続いては、図形の作成と書式指定について解説します。

21.1 図形の描画

文書に図形を描画するときは、[挿入] タブにある「図形」コマンドを使って、以下のように操作します。

①このタブを選択

②クリック

③図形の形状を選択

[挿入] タブにある「図形」をクリックし、描画する図形の形状を選択します。

　ワンポイント

[Shift] キーの利用
[Shift] キーを押しながらマウスをドラッグすると、縦横の比率が等しい図形を描画できます。正方形や正円を描画する場合などに活用してください。

図形の描画

ドラッグして図形を描画

続いて、マウスをドラッグすると、ドラッグした範囲を対角線とする図形を描画できます。

描画した図形は「前面」のレイアウトが指定されているため、文書内の好きな位置へ移動できます。四隅や上下左右にある □（ハンドル）をドラッグすると、図形のサイズを変更できます。また、図形によっては、形状を調整できる □（調整ハンドル）が表示される場合もあります。

ワンポイント

［Shift］キーの利用
［Shift］キーを押しながらハンドルをドラッグすると、縦横の比率を維持したまま図形を拡大／縮小できます。また、［Shift］キーを押しながら回転ハンドルをドラッグすると、15度きざみで図形を回転できます。

21.2　塗りつぶしと枠線

　図形をクリックして選択すると、描画ツールの［書式］タブを利用できるようになります。ここでは、「図形の塗りつぶし」や「図形の枠線」などを指定することができます。

図形の塗りつぶし

図形の枠線

21.3 図形の効果

　図形に影を付けたり、図形を立体化したりすることも可能です。この場合は、「図形の効果」を利用します。

「面取り」→「ハードエッジ」を指定した場合

「図形の効果」をクリックし、効果の種類を指定します。

一覧の最後にある「○○オプション」を選択すると、効果を詳しく指定できる設定画面が表示されます。

21.4 図形のスタイル

　図形の書式を手軽に指定したいときは、「図形のスタイル」を利用するのが便利です。「図形のスタイル」を適用すると、図形内の塗りつぶし、枠線、効果などの書式を一括指定できます。

描画ツールの［書式］タブを選択し、「図形のスタイル」の⬇️をクリックします。

スタイルの一覧が表示されるので、この中から好きなデザインを選択します。

スタイルを選択

「図形のスタイル」が適用され、図形の書式が一括指定されます。

演習

(1) 新しい文書を作成し、「星:5pt」の図形を描画してみましょう。

(2)「図形の塗りつぶし」を「オレンジ」、「図形の枠線」を「青、6pt」に変更してみましょう。

(3)「図形の効果」をクリックし、「影」→「透視投影:左上」の効果を指定してみましょう。

(4) 図形に「光沢 - ゴールド、アクセント4」のスタイルを適用してみましょう。

Step 22 テキストボックスとワードアート

テキストボックスは文字を入力できる図形で、文書内の好きな位置に文字を配置したい場合に活用します。一方、ワードアートは「飾り文字」を作成できる機能で、文書のタイトル文字などに活用できます。

22.1 テキストボックスの作成

テキストボックスは内部に文字を入力できる図形で、コラムや画像の説明文を作成する場合などに活用できます。テキストボックスを描画するときは、「図形」の一覧から ▣（テキストボックス）または ▥（縦書きテキストボックス）を選択し、以下のように操作します。

[挿入]タブにある「図形」をクリックし、▣ を選択します。

マウスをドラッグして、テキストボックスを描画します。

テキストボックス内にカーソルが表示されるので、キーボードを使って文字を入力します。

90

22.2　テキストボックスの移動とサイズ変更

　テキストボックスは図形の一種になるため、位置やサイズを自由に変更できます。テキストボックスのサイズは、四隅や上下左右にある⊡（ハンドル）をドラッグして調整します。テキストボックスを移動するときは、テキストボックスの周囲にある**枠線をドラッグ**します。

22.3　テキストボックスの書式指定

文字の書式
テキストボックス内に入力した文字は、フォントや文字サイズなどの書式を［ホーム］タブで指定します。この操作手順は、通常の文字の書式を指定する場合と同じです。

　テキストボックスをクリックして選択すると、**描画ツール**の［書式］タブを利用できるようになります。ここでは、「図形の塗りつぶし」や「図形の枠線」、「図形のスタイル」といった書式を指定できます。

　また、テキストボックス内の文字の配置を指定するコマンドも用意されています。テキストボックス内の上下中央に文字を配置するときは、「**文字の配置**」をクリックし、「**上下中央揃え**」を選択します。

「上下中央揃え」で配置した場合

22.4 図形をテキストボックスとして使う

テキストボックスではない通常の図形も、内部に文字を入力することが可能です。「矢印」や「リボン」などの図形に文字を入力するときは、その図形を選択した状態でキーボードから文字を入力します。

クリックして図形を選択

文字を入力

22.5 ワードアートの作成

文書のタイトル文字などを「飾り文字」にしたい場合は、A（ワードアート）を利用すると便利です。ワードアートを文書に挿入するときは、以下のように操作します。

①カーソルを移動

②このタブを選択

③クリック

④デザインを選択

北海道の風景

広大な景色が広がる北海道には、毎年、多くの観光客が訪れます。なだらかに広がる斜面はヨーロッパの丘陵地帯のような雰囲気があり、CMやポスターなどの撮影場所としても

ワードアートを挿入する位置へカーソルを移動します。続いて、[挿入]タブにあるA（ワードアート）をクリックし、一覧から好きなデザインを選択します。

👆 **ワンポイント**

文字の書式
ワードアートに入力した文字のフォントや文字サイズなどを変更するときは、その文字をドラッグして選択し、[ホーム]タブで書式を指定します。

文字を入力

北海道の風景

広大な景色が広がる北海道には、毎年、多くの観光客が訪れます。なだらかに広

ワードアートが挿入されるので、ワードアートの文字を入力します。

22.6 ワードアートの書式指定

　ワードアートのデザインをカスタマイズすることも可能です。この場合は、描画ツールの[書式] タブを利用します。ワードアート内の文字を選択し、**Ａ**（文字の塗りつぶし）、**Ａ**（文字の輪郭）、**Ａ**（文字の効果）を操作すると、ワードアートの色や形状などを変更できます。

デザインの変更

文字色／輪郭線／効果の指定

位置の指定

演習

（1）ステップ 20 の演習（3）で保存したファイルを開き、**テキストボックス**を使って「ボラボラ島の風景」という文字を配置してみましょう。
　　※文字の書式：MS P ゴシック、12pt、太字、中央揃え（上下中央に配置）
　　※図形のスタイル：グラデーション - オレンジ、アクセント 2
（2）文書の先頭に**ワードアート**を挿入し、「**南の島通信**」と入力してみましょう。
　　※文字の書式：HGP ゴシック E
　　※ワードアートのデザインは、各自の好きなものを選択してください。
（3）**描画ツール**の [書式] タブにある「位置」を使って、ワードアートを**文書の上部中央**に配置してみましょう。さらに、**Ａ**（文字の効果）を使ってワードアートに影をつけてみましょう。

ワードアート

テキストボックス

ボラボラ島の風景

グラフの作成 (1)

さまざまなデータを示すときは、グラフを利用すると結果をわかりやすく伝えられる場合があります。続いては、文書にグラフを作成するときの操作手順を解説します。

23.1 グラフの作成

Wordには、数値データをもとにグラフを作成する機能が用意されています。この機能を使ってグラフを作成するときは、以下のように操作します。

グラフを挿入する位置にカーソルを移動し、[挿入] タブにある「グラフ」をクリックします。

②このタブを選択

③クリック

①カーソルを移動

②グラフの形式を選択

①グラフの種類を選択

グラフの種類と形式を選択し、[OK] ボタンをクリックします。

③クリック

グラフ作成用のExcelが起動します。
グラフのもととなるデータは、このExcelに入力していきます。

「見出し」の文字を入 力

まずは、グラフの縦軸／横軸に表示する「見出し」を入力します。

続いて、グラフ作成用の「数値データ」を入 力します。

「数値データ」を入 力

降水量の推移

東京の過去3年間の降水量をグラフにまとめてみました。

データに合わせて変化していく

Excelにデータを入力すると、それに合わせてWordの画面にあるグラフも変化していきます。

Microsoft Word 内のグラフ

	A	B	C	D	E	F	G
1		2017年	2018年	2019年			
2	1月	26	48.5	16			
3	2月	15.5	20	42			
4	3月	85.5	220	117.5			
5	4月	122	109	90.5			
6	5月						
7	6月						
8	7月						
9	8月						
10	9月						
11	10月						
12	11月						
13	12月						
14							
15							

「見出し」の文字を追加

もちろん、3列×4行以上の「数値データ」を入力することも可能です。この場合は、Excelのウィンドウを広げて「見出し」の文字を入力していきます。

Microsoft Word 内のグラフ

 ②クリック

	A	B	C	D	E
1		2017年	2018年	2019年	
2	1月	26	48.5	16	
3	2月	15.5	20	42	
4	3月	85.5	220	117.5	
5	4月	122	109	90.5	
6	5月	49	165.5	120.5	
7	6月	106.5	155.5	225	
8	7月	81	107	193	
9	8月	141.5	86.5	110	
10	9月	209.5	365	197	
11	10月	531.5	61.5	529.5	
12	11月	47	63	156.5	
13	12月	15	44	76.5	
14					
15					

①「数値データ」を入力

続いて、各項目の「数値データ」を入力していきます。データをすべて入力できたら、ウィンドウ右上にあるをクリックしてExcelを終了します（図23-1）。

ワンポイント

データの再編集
グラフ作成用のデータを修正するときは、グラフ ツールの［デザイン］タブにある「データの編集」をクリックします。すると、グラフ編集用の Excel が再び表示され、データを修正できるようになります。

Excelに入力したデータをもとにグラフが作成されます（図23-2）。

23.2　グラフのサイズ変更と移動

　グラフのサイズは、四隅や上下左右にある □ （ハンドル）をドラッグして変更します。グラフの位置を移動するときは、グラフを囲む枠線をドラッグします。そのほか、□ をクリックしてグラフのレイアウトを変更することも可能です（詳しくはP80〜81を参照）。

演習

（1）anser23-00.docxのファイルをダウンロードし、図23-2に示したグラフを作成してみましょう。
　　※ http://cutt.jp/books/978-4-87783-789-1/からダウンロードできます。
　　※ P96の図23-1のようにデータを入力してグラフを作成します。
　　《作業後、ファイルの上書き保存を行い、ファイルを更新しておきます》

Step 24 グラフの作成（2）

グラフ内に表示する要素を指定したり、グラフのデザインを変更したりすることも可能です。続いては、グラフをカスタマイズするときの操作手順を解説します。

24.1 グラフ内に表示する要素

グラフをクリックして選択すると、右側に4つのアイコンが表示されます。「グラフ内に表示する要素」を変更するときは、上から2番目にある ✚（**グラフ要素**）を利用します。

各要素の名称

ワンポイント

数値データの表示
「データ ラベル」または「データ テーブル」をONにすると、各データの数値をグラフ内に表示できます。

「**グラフ タイトル**」や「**軸ラベル**」の文字を変更するときは、その要素をクリックして選択し、キーボードから文字を入力します。文字の書式を［**ホーム**］**タブ**で指定することも可能です。

24.2 グラフ スタイルの変更

グラフ全体のデザインを手軽に変更できる「**グラフ スタイル**」も用意されています。この機能を使ってグラフのデザインを変更するときは、✎（**グラフ スタイル**）をクリックし、一覧から好きなデザインを選択します。

24.3 グラフ フィルターの活用

▽（**グラフ フィルター**）は、グラフに表示するデータを変更するときに利用します。ここで不要な項目をOFFにしてから［**適用**］ボタンをクリックすると、そのデータを除外したグラフに変更できます。

24.4　グラフのデザインの詳細設定

　グラフをクリックして選択すると、**グラフ ツール**の ［デザイン］ タブを利用できるようになります。このタブを使ってグラフ表示をカスタマイズすることも可能です。ここでは、一般的によく使用されるコマンドの使い方を紹介します。

グラフツールの ［デザイン］ タブ

◆ グラフ要素を追加

　グラフ内に表示する要素の表示／非表示や位置を細かく指定できます。「凡例」の位置を変更したり、縦軸（または横軸）だけに「軸ラベル」を表示したりする場合などに利用します。

◆ 色の変更

　一覧から「色の組み合わせ」を選択すると、グラフ全体の配色を手軽に変更できます。

「色の組み合わせ」を選択

◆ グラフ スタイル

　「グラフ スタイル」を変更できます。P99で解説した ／ と同じ機能です。

◆ データの編集

　グラフ作成用のExcelを表示します。グラフのデータを修正するときに利用します。

◆ 行／列の切り替え

データの行と列の関係を入れ替えて、グラフを作成し直します。このコマンドを使用するときは、「データの編集」をクリックしてExcelを画面に表示しておく必要があります。

◆ グラフの種類の変更

グラフの種類（棒グラフ、折れ線グラフ、円グラフなど）を後から変更することができます。

そのほか、グラフ内にある各要素を右クリックして、「塗りつぶし」や「枠線」などを指定することも可能です。このとき、右クリックメニューから「○○の書式設定」を選択すると、その要素の書式を細かく指定できる設定画面が表示されます。

設定画面の例
（縦軸を右クリックした場合）

演 習

（1）ステップ23の演習（1）で作成した文書を開き、グラフ タイトルに「東京の降水量」と入力してみましょう。また、軸ラベルを表示し、縦軸に「降水量（mm）」、横軸に「観測月」と入力してみましょう。

（2）グラフ スタイルを「スタイル3」に変更してみましょう。

（3）「グラフ要素を追加」を利用して、「凡例」の位置をグラフの右に変更してみましょう。

（4）2019年のグラフの色を「赤」に変更してみましょう。

SmartArtの作成（1）

Wordには、手順や関係などを図表（図形と文字）で示すことができる
SmartArtが用意れています。続いては、SmartArtを作成するときの操作手
順を解説します。

25.1 SmartArtの作成手順

SmartArtは「図形」と「文字」を組み合わせたイメージ図で、手順や構造、仕組みなどを示す
場合に利用します。文書にSmartArtを作成するときは、以下のように操作します。

SmartArtを挿入する位置にカーソルを移動し、
［挿入］タブにある「SmartArt」をクリックし
ます。

SmartArtの種類とレイアウトを
選択し、［OK］ボタンをクリック
します。

文書にSmartArtが挿入されます。
各図形の［テキスト］と表示されて
いる部分をクリックし、図形内に
文字を入力します。

クリックして文字を入 力

必要なだけ図形に文字を入力して
いくと、SmartArtの基本が完成し
ます。

25.2　図形の追加と削除

　通常、SmartArtには4～5個くらいの図形が配置されています。ただし、この図形の数が
「説明したい内容」と必ずしも一致しているとは限りません。SmartArtの「図形の数」が足りない
ときは、以下のように操作して図形を追加します。

図形を選択し、SmartArtツー
ルの［デザイン］タブを選択
します。

②このタブを選択

①図形を選択

①クリック

「図形の追加」のをクリックし、図形を
追加する位置を指定します。

②図形を追加する位置を選択

指定した位置に図形が追加され
ます。この図形をクリックして
文字を入力します。

図形が追加される
（クリックして文字を入力）

消耗品のリサイクル

先ほどの例とは逆に、「図形の数」が多すぎる場合は、キーボードの［Delete］キーを使って
SmartArtから図形を削除します。

削除する図形（文字以外の部分）を
クリックして選択します。続いて、
［Delete］キーを押します。

図形が削除される

クリックして選択し、
［Delete］キーを押す

選択していた図形が削除されます。

25.3 図形内の文字の書式

　図形内に入力した文字は、文字サイズが自動調整される仕組みになっています。もちろん、自分で書式を指定することも可能です。文字の書式を変更するときは、[ホーム]タブで書式を指定します。

ワンポイント

書式の一括指定
SmartArt内の余白をクリックしてSmartArt全体を選択し、文字の書式を指定することも可能です。この場合は、すべての文字の書式が一括変更されます。

演習

(1) Wordを起動し、以下の図のようなSmartArtを作成してみましょう。
(2) 図形内の文字の書式を「MS Pゴシック、22ポイント」に変更してみましょう。
　　《作業後、文書をファイルに保存しておきます》

◆漢字の読み
移動手段、乗り物、陸路、空路、電車、自動車、飛行機

Step 26 SmartArtの作成（2）

続いては、SmartArt内にある図形の「レベル」について解説します。また、SmartArtにスタイルを適用したり、各図形の色を変更したりする方法も紹介しておきます。

26.1 図形のレベル

それぞれの図形に上下関係（レベル）があるSmartArtを作成することも可能です。このようなSmartArtは、「選択した図形」の前後だけでなく、上下にも図形を追加できます。

図形を追加する位置の指定

また、図形のレベルを後から変更することも可能です。この場合は、SmartArtツールの［デザイン］タブにある「レベル上げ」または「レベル下げ」をクリックします。

レベルを変更する図形を選択します。続いて、［デザイン］タブにある「レベル上げ」または「レベル下げ」をクリックします。

選択していた図形のレベルが変更されます（左図は「レベル上げ」をクリックした場合）。

レベルが変更される

26.2 SmartArt のスタイル

　SmartArt のデザインを簡単に変更できる「SmartArt のスタイル」も用意されています。SmartArt にスタイルを適用するときは、以下のように操作します。

SmartArt ツールの［デザイン］タブを選択し、「SmartArt のスタイル」の▽をクリックします。

①このタブを選択　②クリック

スタイルの一覧が表示されるので、好きなデザインを選択します。

デザインを選択

スタイルが適用され、SmartArtの
デザインが変更されます。

デザインが変更される

26.3 SmartArtの色の変更

　SmartArtの色を変更したいときは「色の変更」を利用すると便利です。この一覧から好きな
「色の組み合わせ」を選択すると、SmartArt全体の色を手軽に変更できます。

SmartArtツールの［デザイン］タブに
ある「色の変更」をクリックし、好きな
「色の組み合わせ」を選択します。

①このタブを選択

②クリック

③「色の組み合わせ」を選択

配色が変更される

SmartArt全体の配色が変更されます。

26.4 SmartArtツールの［書式］タブ

　各図形の色などを個別に指定するときは、SmartArtツールの［書式］タブにある「図形の塗りつぶし」や「図形の枠線」、「図形の効果」といったコマンドを使用します。

「図形の塗りつぶし」の指定

「図形の効果」の指定

演習

（1）ステップ25の演習（2）で保存したファイルを開き、「海路」と「船」の図形を追加してみましょう。
　　　※図形内の文字に「MS Pゴシック、22ポイント」の書式を指定します。
（2）SmartArtのスタイルを「ブロック」に変更してみましょう。
（3）「色の変更」を利用し、SmartArtの配色を「カラフル - アクセント3から4」に変更してみましょう。
（4）SmartArtツールの［書式］タブを利用して、「陸路」「空路」「海路」の図形の色を「薄い緑」に変更してみましょう。

これらの図形を追加

Step 27 タブの活用

文字を揃えて配置したいときは、タブを利用すると便利です。タブはキーボードの [Tab] キーを押すと入力できます。このステップでは、タブを効果的に活用する方法を解説します。

27.1 ルーラーの表示

タブを利用するときは、文字数や行数を示す**ルーラー**を表示しておくと便利です。ルーラーの表示/非表示は [表示] タブで指定します。

ルーラーを表示するときは、[表示] タブを選択し、「ルーラー」のチェックをONにします。

27.2 タブの概要とタブの入力

キーボードの [Tab] キーを押すと、カーソル位置に**タブ**を入力できます。タブは「以降の文字をタブ位置に揃える機能」で、初期設定では4文字間隔でタブ位置が設定されています。

タブ記号の表示
タブを示す → の記号は、[ホーム] タブにある （編集記号の表示/非表示）をクリックすると表示できます。

主格	→	→	所有格	→	→	目的格
I	→	→	my	→	→	me
you	→	→	your	→	→	you
he	→	→	his	→	→	him
she	→	→	her	→	→	her

タブを利用すると、以降の文字がタブ位置に揃えて配置されます。
（図の点線は、4、8、12、16文字目を示しています）

110

27.3 タブ位置の指定

　タブ位置を自分で指定することも可能です。タブ位置を指定するときは、以下のように操作します。なお、タブ位置は**段落**に対して指定する書式となるため、あらかじめ対象とする段落を選択しておく必要があります。

タブ位置を指定する段落をまとめて選択し、[ホーム] タブの「段落」グループにある をクリックします。

②クリック

①段落を選択

①タブ位置を文字数で指定

②クリック

タブ位置を文字数で指定し、[設定] ボタンをクリックします。

「段落」ウィンドウが表示されるので、[タブ設定] ボタンをクリックします。

①複数のタブ位置を指定

②クリック

同様の操作を繰り返し、複数のタブ位置を指定することも可能です。すべてのタブ位置を指定できたら [OK] ボタンをクリックします。

「指定したタブ位置」に文字が揃えて配置されます。

5文字目

11文字目

14文字目

27.4 タブ位置の種類

　これまで解説してきたタブ位置は、「左揃え」のタブ位置となります。このほかにも、Wordには「中央揃え」「右揃え」「小数点揃え」といったタブ位置が用意されています。

「中央揃え」のタブ位置 「右揃え」のタブ位置 「小数点揃え」のタブ位置

①タブ位置を文字数で指定

ワンポイント

「縦線」のタブ位置
「縦線」のタブ位置は文字を揃える機能ではなく、指定した位置に縦線を描画する機能となります。

②タブ位置の種類を選択

「左揃え」以外のタブ位置を指定するときは、タブの種類を選択してから［設定］ボタンをクリックします。

③クリック

27.5　リーダーの指定

　タブにより空けられた間隔に点線などの**リーダー**を表示することも可能です。リーダーを表示するときは、リーダーの種類を選択してから[設定]ボタンをクリックします。

①タブ位置を文字数で指定

②リーダーの種類を選択

③クリック

タブ位置

リーダーのあるタブ位置

演習

（1）**タブ**を利用し、以下の図のような文書を作成してみましょう。

　※見出しの文字には、それぞれ以下の書式を指定します。

　　　　「コーンクリームのレシピ」……………… メイリオ、16ポイント、太字
　　　　「材料」……………………………………………… 太字

　※材料を記した段落に「**20字、右揃え、リーダーの種類（5）**」のタブ位置を指定します。

◆漢字の読み

材料、本、生クリーム、
卵黄、個、塩、少々

検索と置換

Wordには、「指定した文字」を文書内から探し出してくれる検索機能が用意されています。また、「指定した文字」を「別の文字」に置き換えたいときは、置換機能を利用すると便利です。

28.1 文字の検索

文書内にある「特定の文字」を探し出したいときは、検索を利用すると便利です。検索機能を実行するときは、以下のように操作します。

［ホーム］タブの右端にある「検索」をクリックします。

左側に「ナビゲーション ウィンドウ」が表示されるので、検索する文字を入力します。

検索結果が一覧 表 示され、検索された文字が「黄色の背景」で強調して表示されます。

それぞれの検索結果をクリックすると、その部分まで文書をスクロールさせることができます。

28.2 文字の置換

「特定の文字」を「別の文字」に置き換えたい場合は、置換を利用すると便利です。置換機能を実行するときは、以下のように操作します。

［ホーム］タブの右端にある「置換」をクリックします。

①置換前の文字を入力

②置換後の文字を入力

③クリック

「置換前の文字」と「置換後の文字」を入力し、［次を検索］ボタンをクリックします。

①検索結果が「グレーの背景」で表示される

②クリック

スポーツの重要性

　最近、スポーツの役割が見直されるようになりました。健康や体力の向上はもちろん、スポーツを通じて地域が活性化される、医療費の削減にもつながる、等の効果が期待されています。2015 年には、新しい行政機関としてスポーツ庁が設置されました。

最初の検索結果が「グレーの背景」で表示されます。このまま［置換］ボタンをクリックすると…、

その文字が「置換後の文字」に置き換えられ、次の検索結果が表示されます。今度は、[次を検索] ボタンをクリックしてみましょう。

ワンポイント

すべて置換

[すべて置換] ボタンをクリックすると、すべての検索結果が「置換後の文字」に置き換えられます。ただし、文字を確認しながら置換できないため、この機能は十分に慣れてから使用するようにしてください。

この場合は、文字を置き換えることなく、次の検索結果へ移動します。文字を置き換える場合は [置換] ボタン、文字を置き換えない場合は [次を検索] ボタンをクリックする、と覚えておいてください。

演習

（1）anser28-00.docxのファイルをダウンロードし、「**サッカー**」の文字を検索してみましょう。
　　※ http://cutt.jp/books/978-4-87783-789-1/ からダウンロードできます。
（2）「**テレビ**」の文字を「**TV**」に置換してみましょう。

変更履歴の活用

Wordには、他の人に文書をチェック（添削）してもらうときに活用できる「変更履歴」という機能が用意されています。続いては、「変更履歴」の使い方を解説します。

29.1 変更履歴を有効にする

他の人に文書をチェックしてもらうときは、「変更履歴」という機能を利用すると便利です。「変更履歴」を有効にするときは、以下のように操作します。

「校閲」タブを選択し、「変更履歴」のアイコンをクリックします。

この状態で文書を上書き保存し、チェックしてくれる人に文書ファイルを送信します。

29.2 変更履歴の記録

「変更履歴」が有効の場合、文書を受け取った人が「文字の修正」などを行ったときに、その内容が記録されるようになります。具体的には、「修正前の文字」（削除される文字）に取り消し線が引かれ、「修正後の文字」が赤字で表示されます。

マウスをドラッグして修正する文字を選択します。

そのまま、キーボードを使って「変更後の文字」を入力します。この例では「期間」の文字を「機関」に修正しています（図29-1）。

このように、修正した部分が「取り消し線」や「赤字」で表示されるため、「どこを、どのように修正したのか？」を一目で確認できるようになります。なお、書式を修正したときは、その変更内容が文書の右側に表示されます。

書式を変更した場合の表示（図29-2）

29.3 コメントの入力

　文字を修正するのではなく、意見などを**コメント**として書き込める機能も用意されています。文書にコメントを残すときは、以下のように操作します。

コメントの対象となる文字を選択し、［校閲］タブにある「新しいコメント」をクリックします。

文書の右側にコメント欄が表示されるので、ここにコメントを入力します。

29.4　変更履歴の承諾

　ここからは、チェックされた文書が自分の手元に返ってきたときの操作について解説します。文書には、修正された内容が「取り消し線」や「赤字」で表示されています。これらを文書に反映させるときは、［校閲］タブにある「承諾」を使用します。

「変更例歴」の文字をドラッグして選択し、「承諾」をクリックします。

変更内容が文書に反映され、「次の変更履歴」が選択されます。

　同様の操作を繰り返して、変更履歴を文書に反映していきます。なお、変更内容を反映しないで「変更前の文字」に戻したいときは、「元に戻す」を使用します。

29.5 コメントの削除

　文書に書き込まれたコメントを削除するときは、右クリックメニューから「コメントの削除」を選択します。

29.6 変更履歴を無効に戻す

　チェックしてもらった文書を確認できたら、「変更履歴」をクリックしてOFFにします。これで通常の文書に戻すことができます。

演習

（1）anser29-00.docxのファイルをダウンロードし、「変更履歴」を有効にしてみましょう。
（2）P118の図29-1のように文字を修正してみましょう。また、P119の図29-2のように書式を変更してみましょう。
（3）演習（2）で修正した内容を「承諾」してみましょう。
（4）「変更履歴」を無効に戻してみましょう。

Step 30 数式の入力

理系の論文などでは、複雑な数式を文書に入力する場合があります。このような場合は、Wordに用意されている数式ツールを使って数式を入力します。最後に、数式ツールの使い方を解説しておきます。

30.1 数式ツールの起動と文字入力

複雑な数式を文書に入力するときは**数式ツール**を利用します。数式ツールを起動するときは、以下のように操作します。

数式を挿入する位置にカーソルを移動し、[挿入]タブにある「数式」をクリックします。

👉 ワンポイント

文字の斜体について
数式ツールでは、アルファベットなどが「数式用の斜体」で表示される仕組みになっています。斜体にしたくない場合は、数式ツールの[デザイン]タブにある「テキスト」をONにしてから文字を入力します。

数式を入力する領域が表示され、数式ツールの[デザイン]タブが選択されます。最初に、「Unicode」がON、「テキスト」がOFFになっていることを確認します。

[半角/全角]キーを押して半角入力モードに切り替えます。数式内のアルファベットや数字は、キーボードを使って入力していきます。

30.2 数式で使う記号の入力

分数や積分記号（∫）、ルート（√）、総和（Σ）など、数式ならではの記号を入力するときは、**数式ツール**の［**デザイン**］タブを利用します。たとえば、分数を入力するときは、以下のように操作します。

「分数」をクリックし、分数の形式を選択します。

分数が挿入されるので、分子／分母の点線枠をクリックして文字や数字を入力します。

30.3 ギリシャ文字などの入力

ギリシャ文字のように数学でよく使用する記号は、「**記号と特殊文字**」を使って入力します。

「記号と特殊文字」の▽をクリックします。

「基本数式」の▼をクリックし、文字や記号の種類を選択します。

一覧から文字を選択すると、その文字をカーソル位置に入力できます。

30.4 カッコの入力

　カッコ内に分数などを入力するときは、キーボードを使ってカッコを入力するのではなく、数式ツールの［デザイン］タブにある「かっこ」を利用します。

「かっこ」をクリックし、カッコの種類を選択します。

①クリック

②カッコの種類を選択

カッコ内に分数などを入力すると、カッコのサイズが自動的に大きくなります。

30.5 上付き文字、下付き文字の入力

　べき乗や添字を入力するときは「上付き／下付き文字」を利用します。この場合は、先に文字を選択してから上付き／下付きの種類を選択します。

文字を選択してから「上付き／下付き文字」をクリックし、文字を付ける位置を選択します。

①文字を選択

②クリック

③位置を選択

クリックして入力

点線枠をクリックして文字や数字を入力します。

👉 ワンポイント

キーボードを使った文字の選択
マウスのドラッグで文字を選択するのが難しい場合は、［Shift］キーを押しながら［→］キーを押して文字を選択すると、目的の文字を選択しやすくなります。

30.6 数式入力の完了

数式を入力できたら、数式の右端にある をクリックし、数式の配置方法を指定します。

最初は、「グループ化して中央揃え」で数式が配置されています。これを他の配置方法に変更するときは、「配置」の項目を利用します。

数式の配置が「指定した配置」に変更されます。

☞ **ワンポイント**

数式内の文字の書式
[ホーム]タブを使って、文字サイズや文字色などの書式を変更することも可能です。
ただし、フォントを変更することはできません。

（1）Wordを起動し、以下の図のような**数式**を作成してみましょう。
　　※「2次方程式の解」の文字に「太字」の書式を指定します。

（2）数式の文字サイズを「**16ポイント**」に変更してみましょう。また、「±」の文字色を「赤」に変更してみましょう。

2次方程式の解

$$x = \frac{-b \pm \sqrt{b^2 - 4ac}}{2a}$$

索引 Index

ご質問がある場合は・・・

本書の内容についてご質問がある場合は、本書の書名ならびに掲載箇所のページ番号を明記の上、FAX・郵送・Eメールなどの書面にてお送りください（宛先は下記を参照）。電話でのご質問はお断りいたします。また、本書の内容を超えるご質問に関しては、回答を控えさせていただく場合があります。

新刊書籍、執筆陣が講師を務めるセミナーなどをメールでご案内します

登録はこちらから

http://www.cutt.co.jp/ml/entry.php

情報演習㊾

留学生のための
Word 2019 ワークブック ルビ付き

2020年9月10日　初版第1刷発行

著　者　相澤 裕介
発行人　石塚 勝敏
発　行　株式会社 カットシステム
　　　　〒169-0073 東京都新宿区百人町4-9-7　新宿ユーエストビル8F
　　　　TEL　（03）5348-3850　　FAX　（03）5348-3851
　　　　URL　http://www.cutt.co.jp/
　　　　振替　00130-6-17174
印　刷　シナノ書籍印刷 株式会社

本書に関するご意見、ご質問は小社出版部宛まで文書か、sales@cutt.co.jp 宛に e-mail でお送りください。電話によるお問い合わせはご遠慮ください。また、本書の内容を超えるご質問にはお答えできませんので、あらかじめご了承ください。

Cover design Y. Yamaguchi　　　　　Copyright©2020　相澤 裕介
Printed in Japan　ISBN 978-4-87783-789-1

30ステップで基礎から実践へ！ ステップバイステップ方式で確実な学習効果をねらえます

留学生向けのルビ付きテキスト（漢字にルビをふってあります）

情報演習©ステップ 30
留学生のためのタイピング練習ワークブック Windows 10 版 ／ ISBN978-4-87783-800-3 ／本体 800 円

情報演習㊳ステップ 30
留学生のための Word 2016 ワークブック 本文カラー ／ ISBN978-4-87783-795-2 ／本体 900 円

情報演習㊴ステップ 30
留学生のための Excel 2016 ワークブック 本文カラー ／ ISBN978-4-87783-796-9 ／本体 900 円

情報演習㊷ステップ 30
留学生のための PowerPoint 2016 ワークブック 本文カラー ／ ISBN978-4-87783-805-8 ／本体 900 円

情報演習㊹ 留学生のための Word ドリルブック 本文カラー ／ ISBN978-4-87783-797-6 ／本体 900 円

情報演習㊺ 留学生のための Excel ドリルブック 本文カラー ／ ISBN978-4-87783-798-3 ／本体 900 円

情報演習㊻ 留学生のための PowerPoint ドリルブック 本文カラー ／ ISBN978-4-87783-799-0 ／本体 900 円

情報演習㊼ステップ 30
留学生のための HTML5 & CSS3 ワークブック ／ ISBN978-4-87783-808-9 ／本体 900 円

情報演習㊽ステップ 30
留学生のための JavaScript ワークブック ／ ISBN978-4-87783-807-2 ／本体 900 円

大判本 A4判 情報演習㊸ステップ 30
留学生のための Python [基礎編] ワークブック ／ ISBN978-4-87783-806-5 ／本体 900 円

タッチタイピングを身につける

情報演習Ⓑステップ 30
タイピング練習ワークブック Windows 10 版
ISBN978-4-87783-838-6 ／本体 800 円

Office のバージョンに合わせて選べる

情報演習㉓ステップ 30
Word 2013 ワークブック
ISBN978-4-87783-828-7 ／本体 800 円

情報演習㉔ステップ 30
Excel 2013 ワークブック
ISBN978-4-87783-829-4 ／本体 800 円

情報演習㉕ステップ 30
PowerPoint 2013 ワークブック
ISBN978-4-87783-830-0 ／本体 800 円

情報演習㉖ステップ 30
Word 2016 ワークブック
ISBN978-4-87783-832-4 ／本体 900 円

情報演習㉗ステップ 30
Excel 2016 ワークブック
ISBN978-4-87783-833-1 ／本体 900 円

情報演習㉘ステップ 30
PowerPoint 2016 ワークブック
ISBN978-4-87783-834-8 ／本体 900 円

Photoshop を基礎から学習

情報演習㉚ステップ 30
Photoshop CS6 ワークブック
ISBN978-4-87783-831-7 ／本体 1,000 円

ホームページ制作を基礎から学習

情報演習㉟ステップ 30
HTML5 & CSS3 ワークブック [第 2 版]
ISBN978-4-87783-840-9 ／本体 900 円

情報演習㊱ステップ 30
JavaScript ワークブック [第 3 版]
ISBN978-4-87783-841-6 ／本体 900 円

コンピュータ言語を基礎から学習

情報演習㉛ステップ 30
Excel VBA ワークブック
ISBN978-4-87783-835-5 ／本体 900 円

情報演習㉜ステップ 30
C 言語ワークブック 基礎編
ISBN978-4-87783-836-2 ／本体 900 円

情報演習⑥ステップ 30
C 言語ワークブック
ISBN978-4-87783-820-1 ／本体 800 円

情報演習⑦ステップ 30
C++ ワークブック
ISBN978-4-87783-822-5 ／本体 800 円

情報演習⑧ステップ 30
Java ワークブック
ISBN978-4-87783-824-9 ／本体 800 円

情報演習㉝ステップ 30
Python [基礎編] ワークブック
ISBN978-4-87783-837-9 ／本体 900 円

ローマ字一覧

あ行

あ	A	
い	I	
う	U	
え	E	
お	O	
ぁ	X	A
ぃ	X	I
ぅ	X	U
ぇ	X	E
ぉ	X	O

か行

か	K	A
き	K	I
く	K	U
け	K	E
こ	K	O
きゃ	K	Y	A
きゅ	K	Y	U
きょ	K	Y	O

さ行

さ	S	A
し	S	I
す	S	U
せ	S	E
そ	S	O
しゃ	S	Y	A
しゅ	S	Y	U
しょ	S	Y	O

た行

た	T	A
ち	T	I
つ	T	U
て	T	E
と	T	O
ちゃ	T	Y	A
ちゅ	T	Y	U
ちょ	T	Y	O

な行

な	N	A
に	N	I
ぬ	N	U
ね	N	E
の	N	O
にゃ	N	Y	A
にゅ	N	Y	U
にょ	N	Y	O

は行

は	H	A
ひ	H	I
ふ	H	U
へ	H	E
ほ	H	O
ひゃ	H	Y	A
ひゅ	H	Y	U
ひょ	H	Y	O

ま行

ま	M	A
み	M	I
む	M	U
め	M	E
も	M	O
みゃ	M	Y	A
みゅ	M	Y	U
みょ	M	Y	O